1977

reçu le 13 9bre
rep. rep. du le 14

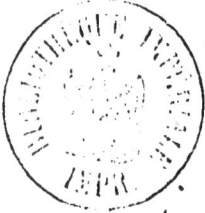

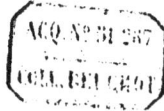
Monsieur,

Votre édition des œuvres de Voltaire est un monument
littéraire qui vous a acquis des droits impérissables
à la reconnaissance de tous ceux qui s'occupent de
cet auteur admirable. Je me fais un devoir de vous
exprimer de ma part ces sentiments de gratitude,
que votre excellent travail m'inspire chaque fois que
mes occupations littéraires m'y font recourir. Souffrez,
Monsieur, que je vous offre en signe d'hommage
les feuilles ci-jointes, appartenantes à la correspondance du grand auteur, et qui ne se trouvent pas
dans votre recueil; vous les y admettrez peut-être
à une réimpression prochaine. J'ose encore vous
soumettre quelques corrections de notes où j'ai cru
remarquer des erreurs. —

Agréez, Monsieur, je vous prie, l'expression de
la considération distinguée et de la plus haute estime
avec laquelle j'ai l'honneur d'être, Monsieur,

Berlin, ce 20. Octobre
1844.

votre-très-humble et très-
obéissant serviteur
Varnhagen d'Ense.

1061

#

La lettre de Voltaire à Lessing se trouve im = primée dans la biographie de cet auteur publiée par son frère en 1793 à Berlin.

La lettre à Milord Maréchal est aux Archives de Berlin, et la copie a été faite sur l'original.

Les deux lettres à un Anonyme, sur l'affaire des haras, se trouvent dans une collection d'auto. graphes que possède à Berlin un particulier.

Je suis en possession des trois billets adressés à M. Formey, comme des deux lettres de M. Gros. ley, auxquelles Voltaire a bien voulu annexer les siennes.

Le petit billet italien de Voltaire a été copié par moi sur une copie qu'en a laissé M. de Balbi, vieux poète et radoteur qui vivait à la cour de Berlin.

Remarques sur quelques Notes.

Tome 55. p. 333. „Si le comte de Bar, mon concitoyen", — Il est peu probable que le roi

10 61

de Prusse ait pu vouloir désigner
par ces mots le roi Stanislas, quoique
celui-ci possédait en effet, avec la Lorraine, la seigneurie de Bar. Il paraît
plutôt que Frédéric parle du baron de
Bar, gentilhomme westphalien, qui avait
publié deux volumes de vers français
sous le titre d'Épîtres diverses, et qui jouissait d'une certaine renommée.

Tome 55. p. 465. Note 2. Lord Maréchal
ne peut jamais être désigné sous le nom de maréchal
Keith, nom qui appartient au frère cadet.
Les deux frères sont de l'ancienne famille
Keith en Écosse, mais l'aîné porte de
droit le titre de Lord Maréchal d'Écosse
(Earl Marischal) et seulement le cadet
garde le nom de famille Keith, auquel il
a joint le titre de feld-maréchal de Prusse.
Voltaire a très-bien distingué les deux frères
dans sa lettre à Mad. Denis p. 639. Mais
à la même page dans la Note 3. l'indi-

cation George Keith est peu exacte, il fau=
drait au moins, si on lui donne son nom de
famille, y ajouter son titre de Maréchal d'Ecos=
se.

Tome 55. p. 569. Note 2. Le mot allemand
Steuer ne signifie jamais banque, mais sim=
plement contribution, et les billets représen=
taient des sommes prélevées sur les contribu=
tions du pays.

Tome 55. p. 679. Dans le texte il y a Co=
denius, dans la note Gothénius, le véritable
nom. est Cothenius.

Tome 57. p. 168. Note 1. Le roi de Prusse
n'avait eu jusqu'alors que des succès, l'allu=
sion ne peut d'aucune manière s'appliquer
à lui, mais plutôt à son adversaire le roi
de Pologne électeur de Saxe, qui effectivement
était sans armée et sans argent.

Tome 57. p. 293. Note 2. Rayez cette expli=
cation du mot Luc, elle est abominable, et sû=
rement fausse, fausse dans le fait et dans
l'intention de Voltaire qui, quelque libre

qu'il ait été dans ses expressions, évite
soigneusement les grossièretés.

Tome 57. p. 353. l. 8. Faute typo=
graphique qu'il serait bon de corriger. Il
faut lire : « Ont toujours fui ».

Tome 58. p. 287. La lettre à M. Formey
du 6. janvier 1760 commence dans l'origi=
nal que je possède : « On m'a envoyé cette
lettre ouverte » — et elle finit : « Je vous en
souhaite autant et vale ». (Pas etc. mais
et.)

Tome 58. p. 325. La lettre à M. Formey
du février 1760 est du 20. février comme
la lettre de M. Grosley même, dont elle
occupe la moitié de la dernière page.

————————

Vous dites dans une Note, que les vers sur l'envoi d'une branche de laurier cueillie au tombeau de Virgile par la margrave de Bareith pour le roi de Prusse, ont été reclamés par M. La Condamine comme étant de lui, et non de Voltaire, à qui ils avaient été attribués jusqu'alors.

La lettre de M. La Condamine à ce sujet doit être insérée dans le Mercure, Octobre 1768, mais on ne saurait la retrouver dans le journal de ce nom qui se trouve ici à la Bibliothèque royale. Y aurait-il encore un autre journal du même nom? —

Et M. La Condamine dit-il expressément dans sa lettre que lui-même est auteur de ces vers? (" Sur l'urne de Virgile un immortel laurier " &c.)

Le retard qu'éprouve mon envoi me procure l'avantage d'y pouvoir joindre deux lettres de Mad. la comtesse de Bentinck à Voltaire. Elles sont curieuses par les circonstances du moment où elles ont été écrites. Je les ai copiées sur des copies de Gotha où Voltaire a sans doute communiqué les originaux à plusieurs personnes lors du séjour qu'il y a fait après son départ de Berlin.

Au reste, s'il a eu raison de s'éloigner de la cour du roi, il n'en a pas eu moins de fuire les remontrances importunes et arrogantes de cette femme à la fois sensible et hautaine, et dont la sollicitude ne cessait de le tourmenter.

Berlin, ce 1 nov. 1844.

1. Lettre de Mad. la comtesse de Bentinck
à Voltaire.

Berlin. 1753.

Votre départ a été si subit, et le moment de vous dire adieu si
fort abrégé, que ce n'est qu'en me retrouvant chez moi que je me
persuade que vous partez et que c'est un adieu absolu et décisif
que je viens de vous dire. Je me flatte que vous connaissez mes
sentimens d'amitié pour vous; si je n'ai point été à même de vous
en donner des preuves réelles par mes actions, ma sincérité à vous
dire toujours ce qui m'a paru vrai, même au risque de vous
déplaire, a bien dû vous le prouver. Il ne m'appartient pas de
vous donner des conseils, qui n'ont jamais réussi à faire beaucoup
d'impression sur vous; mais je vous aime trop pour avoir à me
reprocher de m'être laissée rebuter par aucun motif, lorsqu'il
s'est agi de votre véritable intérêt. Vous avez beau vous en dé=
fendre et vous le déguiser à vous même, vous allez revoir et quitter
un grand roi respectable à toutes sortes d'égards; mais qui est
en même temps le plus aimable des hommes, que vous êtes
accoutumé à aimer, et dont rien ici bas ne saurait remplir la
place dans votre cœur. Vous n'avez point d'idée du vuide af=
freux qu'il y laissera, malgré vous. Ni ce que vous appelez la
liberté, ni le plaisir de la vengeance, ni la gloire, ni l'étude,
ni aucun bien quel qu'il soit, ne saurait vous consoler de
n'avoir plus cette idole, à laquelle l'habitude, la sympathie et
l'inclination vous ont fait sacrifier les meilleures années de
votre vie. Rappelez vous combien de fois, dans les mou=
vemens les plus agités de votre douleur amère, je vous ai fait
avouer en souriant d'un air de tendresse qu'il n'y avait
rien de plus aimable et de plus séduisant que lui. Cette sensi=
bilité involontaire que l'on conserve malgré soi pour les objets
dont un pouvoir intérieur nous rend inséparables est peinte
dans vos yeux. N'écoutez que ce doux penchant, je vous en
conjure, abandonnez vous à votre propre cœur. Si vous l'écou=
tez, il vous mènera au bonheur. La vengeance, le dépit même le
plus juste, n'a jamais fait qu'un malheureux d'un homme ca=
pable de sentimens. Vous allez déchirer mon billet avec indigna=
tion, vous aurez tort, et grand tort; car il n'y a que vos enne=
mis qui puissent vous conseiller de vous séparer de ce grand

prince, qui vous a tant aimé et qui vous aime peut-être encore dans le fond de son cœur. Sa gloire est la vôtre, c'est vous qui seul avez osé le peindre à l'Europe entière d'une façon digne de lui. C'est lui seul dont l'amitié a pu ajouter à votre réputation. Que de liens pour vous lier l'un à l'autre! Ayez le courage, Monsieur, de les raffermir au lieu de les rompre. N'est-il pas assez malheureux d'être roi avec un cœur fait pour les sciences, pour le sentiment et pour l'amitié, vous deviez le consoler de cette infortune qui fait le bonheur de ses sujets. Je ne dois point vous être suspecte; le cruel n'a presque jamais rendu justice à mon cœur, il ne soupçonne seulement pas les sentimens que j'ai pour lui, il m'a tou-jours méconnue, mais j'emporterai pour lui au tombeau le faible que vous me connaissez, et dont vous, même n'êtes pas quitte à meilleur marché que moi. Ne nous séparons pas par une fâcherie, l'amitié me dicte ce langage, je suis toujours de l'avis qu'il ne faut pas se démentir; vous êtes engagé vis-à-vis de l'Europe entière, de vous-même et de moi, d'adorer toujours Frédéric; Frédéric prévenu, si vous voulez, Frédéric aliéné, refroidi, indigné, doit toujours rester Frédéric pour vous et pour moi.—

Au nom de Dieu et de la fermeté que vous m'avez vue à vous conserver mon estime et ma reconnaissance, lisez de sang-froid ce que je vous écris aujourd'hui; le pas que vous allez faire aprésent à Potsdam est décisif et sans remède. Ne vous trompez pas; vous n'êtes pas assez fort pour renoncer pour toujours à lui; je vous ai mieux lu que vous même, et c'est une illusion d'une passion irritée qui vous aveugle, si elle vous persuade que vous avez assez de dépit pour vous guérir de l'ascendant qu'il a pris sur votre cœur. Le reste de votre vie s'écoulera dans les regrets, si vous avez une fois rompu tous les liens qui vous attachent à lui. Je crois qu'on peut vivre sans l'aimer, mais je doute que l'ayant aimé une fois on puisse s'en guérir entièrement; je vous en parle par expérience, moi qui n'en ai reçu que des bienfaits cruels qui portaient sur la fortune, et des froideurs personnelles, moi qui ne l'ai presque qu'entrevu, je sens qu'il n'y a pas une goutte de mon sang qui ne coulerait pour son service s'il la demandait ! Ne combattons point contre une puissance plus forte que nous-mêmes. Cédez de bonne grace au sentiment joint à la raison et à tous vos intérêts réunis. Il est cruel de perdre la bienveillance d'un souverain, et la considération qui la suit, mais il est affreux de perdre un ami. Grandeur, gloire et plaisir, tout se réunis-sait pour vous auprès de lui. Voilà comme le monde en-tier raisonne avec moi, voilà comme vous raisonnerez un jour, quand un jour vous serez de sang-froid ; puissiez-vous l'être assez tôt, pour ne vous point préparer d'éternels regrets ! —

Adieu, Monsieur, ne me haïssez pas à cause de mes conseils dictés par l'amitié. Vous connaissez mon coeur, susceptible d'er-reur, il ne l'est point de duplicité. Je serai toujours la même à votre égard, mais en vous suppliant de me conserver les sentimens dont vous m'avez constamment honorée, je vous de-mande encore plus instamment de vous aimer assez vous même, pour ne point faire votre propre malheur, auquel je serais aussi sensible qu'au mien. "

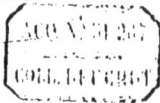

Berlin. 1750.

Votre départ m'afflige, mais ne me surprend pas. Vous avez
poussé à bout la patience du roi que vous aimez, et qui par là
même qu'il était roi ne pouvait ni ne devait avoir tort vis-à-vis de
vous. Vous avez peut-être pour la première fois de votre vie été de
suite, pour vous préparer des regrets. Vous en aurez infailliblement,
on oublie avec le temps les choses les plus douloureuses, on guérit
des blessures les plus profondes, mais l'on ne se console jamais de
la perte d'un bien qui réunissait les avantages de la fortune avec
l'illusion de la gloire et le plaisir du sentiment. Vous êtes trop en
mouvement à présent pour sentir la vérité de ce que je vous dis. Vous
agissez machinalement. Le dépit vous a donné l'impulsion, et il
n'y a pas assez de force dans votre cœur pour arrêter le torrent.
Toute votre force a tourné chez vous en esprit et en génie; le talent
de réfléchir, le jugement froid mais sûr, le gros bon sens, ont
été faits comme ils ont pu, c'est cet esprit enchanteur que l'on
a fait aux dépens de tout le reste. Vous avez une si grande aver-
sion pour les idées de Maupertuis, que puisqu'il prétend connaître l'avenir, vous vous piquez, je crois, de n'y jamais penser
seulement. Croyez-moi, Monsieur, vous vous seriez bien mieux
trouvé d'un peu de prévision, et les visions de ce président
tant hué par vous sont peut-être plus philosophiques que vos
actions réfléchies. Si vous ne me haïssez pas après mon inso-
lente façon de vous parler, il faut que vous ayez le cœur admirable;
mais, après tout, pourquoi me haïriez-vous? Je suis fâchée, et
très fâchée, de votre départ; preuve que je vous aime de tout mon
cœur; je vous dis des impertinences par amitié; cela vaut donc
bien mieux que si je l'avais trouvé avec indifférence à votre départ
pour vous dire des froides politesses. D'ailleurs je ne me suis jamais départie avec vous de mes droits de vous dire la vérité.
Que de peines vous vous seriez épargnés, si vous aviez daigné
écouter quelquefois les conseils de l'amitié! Vous croyez en
avoir pour moi. Hé bien, donnez m'en une seule preuve. J'ai

chez au moins de ne vous séparer du roi que radouci, et rétabli dans le fond de son coeur. Rallumez y une étincelle de sentiment, il ne vous en coûtera qu'un mot ; car vous m'avez avoué souvent qu'il l'a très-bon, et vous connaiss: sez l'ascendant que l'inclination vous avait donné sur lui. Procurez-vous au moins la consolation d'être regretté ; c'est le second plaisir après celui de la possession de ce que l'on aime : j'entends le grimoire du coeur, moi qui l'ai senti beaucoup mieux que vous, qui n'avez jamais fait que le peindre ; agité présentement par la passion la plus triste de toutes, par le dépit et la haine, vous ne serez pas plutôt éloigné des objets qui les ont émues, que le sentiment, l'amitié, l'habi= tude et la vanité réunies reprendront tous leurs droits sur vous. Conservez-vous au moins une poste pour rentrer dans une place que vous ne deviez jamais quitter de cette manière ; je vous en conjure par toute votre bonté pour moi ; suivez au moins une fois ce dernier conseil que le vif intérêt que je prends à vous m'enhardit à vous donner. Le pauvre Francheville arrive tout affligé auprès de vous, il vous est bien tendrement attaché, et c'est ce qui fait que je souhaiterais fort de pouvoir le consoler. On trouve partout de l'esprit et des talents, mais l'on ne trouve guères du caractère, et c'est tout ce que j'estime.

Je reviens encore une fois à vous conjurer de faire taire pour un moment la voix des passions cruelles qui vous en= traînent, pour n'écouter que votre coeur. Puisse-t-il vous conduire dans le cabinet et aux pieds, non du roi, vous seriez déshonoré, mais de votre ami, de Frédéric ! Osez avoir généreusement avoir généreusement tout le tort un moment vis-à-vis de lui. C'est le moyen de n'en avoir plus de votre vie peut-être dans son esprit. Ne chicanez plus votre terrain sous l'aveu d'une faute ; savez-vous qu'il est doux de s'avouer coupable devant ce que l'on aime, quand on va s'en séparer ? Qu'il sente que ce n'est ni sa puissance, ni son autorité qui vous arrache cette démarche, mais l'attendrisse= ment de l'amitié au moment d'une séparation éternelle.

Ce sera le plus beau coup de théâtre, le plus noble, le plus vrai que vous aurez jamais composé, faites ce plaisir à l'humanité qui s'intéresse à vos procédés et à votre gloire. Accordez-le moi pour me consoler de la douleur de vous quitter, sans doute pour tout le reste de ma vie. Vous savez si je suis capable de vous conseiller des lâchetés, mais si l'on doit être inflexible contre un roi, s'il est beau de braver la toute-puissance, croyez qu'il est encore plus héroïque de tout sacrifier à la reconnaissance et à l'amitié. N'oubliez pas que pour une belle ame un seul bienfait doit effacer le souvenir de mille dégoûts. Telle est la logique du sentiment. Je vous conjure de me conserver votre amitié et de disposer de moi autant que j'existerai.

Voltaire à Francfort sur le Mein
en 1753
par Varnhagen von Ense.

Extr. traduit du Calendrier de Berlin
[Berliner Calendar] pour l'année 1846.

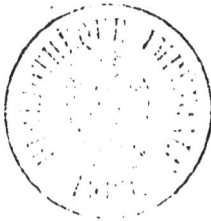

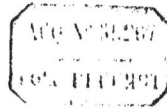

Voltaire à Francfort sur le Mein
en 1753,
par Varnhagen von Ense.

L'arrestation de Voltaire à Francfort sur le Mein, en 1753, par le résident de Prusse Freytag est un évènement qui frappa autrefois d'étonnement le monde civilisé et le préoccupa vivement. Ce sera toujours un fait considérable pour les générations à venir, tant que l'homme extraordinaire dont le nom se trouve lié avec celui du grand roi qui donna l'ordre de l'arrestation ~~qui était à subir~~ sera l'objet de la sympathie ou des observations des penseurs.

Malgré le vif intérêt qu'il offre sous bien des rapports, et quoique près d'un siècle se soit écoulé depuis, cet évènement n'a pas encore été expliqué d'une manière satisfaisante; il est demeuré enveloppé dans le demi-jour quelque peu nuageux sous lequel l'a présenté celui qui en fût la victime.

Frédéric le grand dans la position élevée qu'il occupait; alors que sa réputation en souffrait même auprès de ses admirateurs, dédaigna de parer par la moindre explication publique aux faux jugements qui pullulaient et remplissaient alors toute l'Europe au sujet de cet évènement et de la part qu'il y avait prise. Il est vrai que plus tard certains faits prirent pour ainsi dire d'eux-mêmes sa défense. Les avances que Voltaire renouvella auprès du Roi, la bonne intelligence qui fût bientôt après rétablie entr'eux complètement et où ils luttèrent réciproquement d'admiration et d'amitié; tout cela prouve que des deux côtés l'on pouvait et l'on voulait oublier ce qui était arrivé à Voltaire lui-même, dans des mémoires en rappelant cette fâcheuse affaire terminé par cette déclaration : « C'était une querelle d'amants : les tracasseries des cours passent ; mais le caractère d'une belle passion dominante subsiste longtemps. »

4.   Mais cette manière raisonnable de voir plus tard les choses ne put calmer les témoignages passionnés de l'animosité que le courroux du moment avait excité en lui. Il n'y a pas de lettre de Voltaire qui ne mérite à juste titre d'être conservée comme un vrai bijou, aussi dans les éditions successives des Œuvres de Voltaire leur nombre a-t-il été toujours en s'accroissant, et il y en a un grand nombre qui parlent de l'affaire de Francfort. En 1807, il parut même un récit circonstancié dû à la plume d'un témoin oculaire, le florentin Collini qui avait été mêlé à cette affaire en qualité de Secrétaire de Voltaire. L'auteur y penche naturellement pour celui dont il dépendait, aussi la conduite du roi se trouve-t-elle parlé de moins en moins sous son vrai jour ; et si, en se livrant à un examen critique des faits tels qu'ils sont allégués, on reconnaît facilement qu'il ne faut pas croire à tout ce que dit la partie adverse, il n'en est pas moins certain que jusqu'à ce jour l'on n'a su à quoi se fixer pour séparer le faux du vrai et avoir une idée exacte des faits tels qu'ils se sont passés.

Aussi éprouvâmes-nous une vive satisfaction quand nous fut accordée la faveur de prendre connaissance des pièces relatives à cet évènement conservées dans les Archives royales prussiennes. Ces pièces, outre plusieurs lettres inédites de Voltaire et de Mme Denis, contiennent les ordres émanés du cabinet du roi et les rapports officiels du résident Freytag qui s'y rattachent. Nous avons donc maintenant plusieurs expositions de cette affaire ; ce qu'en ont dit Voltaire et sa nièce, le récit de son Secrétaire Collini et enfin les documents prussiens.

La comparaison de ces triples assertions permettra au lecteur de se faire sur ces faits une opinion clairement motivée.

Nous croyons que les rapports de Frédéric avec Voltaire sont suffisamment connus, nous renverrons en tout cas à la peinture vive et approfondie que l'excellent Preuss en a faite dans son précieux ouvrage intitulé: <u>Friedrich der grosse mit seinen Verwandten und Ferwandten</u>. Nous nous permettrons seulement quelques observations préliminaires pour ce qui est de Voltaire, parceque cet homme célèbre n'est pas encore maintenant comme il apprécié convenablement en Allemagne, et puis aussi, parceque dans cette affaire de Francfort il y paraît assez peu à son avantage pour que dès le début nous ne mettions pas en lumière les qualités réelles de l'homme et de l'écrivain.

Sympathique aux grandes et belles choses, plein de sentiments bons, nobles et généreux, rempli d'un feu brulant et pur pour l'humanité, toujours empressé pour en aciliter le succès et le progrès, même quand il y avait pour lui dangers ou sacrifices, Voltaire, dans ses écrits, se livrait à des plaisanteries pleins de ~~fin~~ sarcasmes. Il était excité aux vivacités spirituelles, aux plaisanteries mordantes par la direction naturelle de son incroyable talent; talent presque sans égal dans une telle plénitude et qui était parfaitement d'accord avec les tendances de ses compatriotes et de son temps; ~~off~~ il maniait ces armes comme un maître, et, s'il savait admirablement employer une majestueuse gravité où le raisonnement bien serré de la pensée venait à son aide, ces qualités étaient de beaucoup dépassées par le charme irrésistible de son esprit. On ne peut imaginer une telle tendance d'esprit sans une grande vivacité de sentiment et sans une imagination toujours en mouvement; alors la mise en œuvre des dons les plus précieux se trouve inévitablement accompagnée du danger des méprises passionnées et des excès. Ce qui est permis, ce qui est cité avec éloge comme invention, comme ornement dans le domaine *les inventions à l'esprit,* de l'esthétique, n'est plus, dans la vie pratique, qu'exagération, détestable extravagance, finesse, perfidie, quelque fois même mensonge et déloyauté. C'est ainsi qu'il en advint pour Voltaire; dans le domaine de l'imagination nous voyons en lui un esprit libre et du plus haut mérite; mais sitôt qu'il se trouve aux prises avec les faits de la vie réelle, ou partie intéressée dans quelque chose, il se livre à une passion aveugle, à des procédés risibles qui manquent de goût, et même à d'artificieuses espiègleries.

C'est ce qui arriva dans ses rapports ~~qu'il eut~~ avec la cour de Frédéric qui d'abord furent des meilleurs et des plus *conserver tels jusqu'à la* heureux, et que Voltaire croyait, espérait bien finir *ses* jours ~~et n'y a s'épuler~~. Mais le succès porte avec lui le germe de la présomption et de l'excès; et le surexcité par une bienveillance extrême le sentiment intime de sa valeur personnelle conduit à une fausse appréciation de l'emploi qu'il est permis d'en faire.

Le désaccord entre Frédéric et Voltaire ne vint pas tout d'un coup il est vrai; il y avait entre eux inclination et estime réciproque. Mais, de la rivalité et de l'opposition dans laquelle Voltaire se trouva bientôt avec les autres français qui vivaient avec lui auprès du Roi naquit le différend qui à la fin l'enleva à cette société. Ses rapports avec Maupertuis qui avaient d'abord été troublés par la jalousie et des rapports envieux devinrent bientôt, surtout par la faute de ce dernier, nous devons le dire, une inimitié sans remède. Dans une querelle scientifique Maupertuis s'était fait donner raison contre le physicien König par l'Académie des Sciences de Berlin qui dans cette affaire fût honteusement abusée. Voltaire ne voulut pas garder le silence dans cette conjoncture;

Il s'en prit par des plaisanteries à ce qu'avaient de risible les opinions de Maupertuis. Le roi en riait mais n'approuvait pas la publicité de l'attaque. Voltaire se trouva alors blessé dans son amour propre d'auteur, et voyant qu'un combat public était impossible, il eut recours à la ruse et fit imprimer secrètement. Le roi blâma encore cette publication, et Voltaire disgracié se retira de la cour sollicitant la faveur de voyager à l'étranger; mais le roi avait toujours des objections à faire à cette demande, ce qui fit croire à Voltaire que ce refus cachait une envie royale de le bien garder et à tout jamais. Cependant au bout de quelques temps arriva la permission sollicitée de faire un voyage à Plombières et un engagement de venir à Sans-Souci prendre congé du roi. Voltaire partit le 18 mars 1753 pour Potsdam, s'installa dans son ancien logement à Sans Souci, il soupa tous les soirs avec le roi et la conversation n'eut rien que d'enjoué. Frédéric était réconcilié avec Voltaire et celui-ci promit au roi de retourner auprès de lui en Octobre, après avoir pris les eaux. Voltaire quitta Potsdam pour Leipzig le 20 mars avec son secrétaire Collini, tandisque le roi, le même jour, commençait un voyage pour inspecter les troupes en Silésie.

Voltaire s'arrêta pendant trois semaines à Leipzig s'y occupant, comme d'ordinaire, de travaux littéraires; en même temps il expédiait à Strasbourg son riche bagage littéraire et mettait les soins à décocher en toute hâte, de cette ville frontière de l'Allemagne, encore quelques traits malins contre l'adversaire odieux qu'il avait laissé à Berlin. Cela lui réussit parfaitement. La lettre de docteur Akakia à Maupertuis mit ce dernier en fureur; il voulait se venger dans le sang de l'auteur et il envoya au vieillard infirme et presque imaginaire une provocation au pistolet à laquelle celui-ci ne répondit que par une verve pleine de comique et il fut aussi foudroyant dans sa réponse qu'il aurait pû l'être avec un coup de pistolet. Voltaire en même temps qu'il dépassait dans ces discussions les limites de la discussion littéraires ne ménageait pas au roi de Prusse la moquerie et le persifflage; aussi celui-ci le fâcha-t-il de nouveau et Maupertuis n'épargna rien pour augmenter son courroux. L'on ne tarda pas à rapporter au roi les propos injurieux et les plaisanteries de Voltaire qui se permettait disant tout haut qu'ayant été assez heureux pour échapper aux ~~cachots~~ cages de S. M., ce ne serait certes pas de son plein gré qu'il y rentrerait. Puis arrivèrent de Paris les nouvelles, que Voltaire avait rompu pour toujours avec le roi, qu'il abusait de toute la confiance que S. M. lui avait accordée et que, même dans sa correspondance, il se permettait les indiscrétions les plus incroyables. Plus le roi s'était ouvert à Voltaire, plus il avait mis de légèreté à lui communiquer ses jugements sur les personnes et sur les choses, plus il devait se sentir douloureusement affecté en se voyant ainsi traité par son ancien favori. Le roi pouvait bien ne pas se préoccuper de ce que pourrait dire Voltaire, mais il n'en était pas de même de ce qu'il pourrait faire voir. Car le roi songeait nonseulement aux lettres de lui que Voltaire avait entre les mains, mais autant tout au moins à un volume

8. de poésies destinées à ses amis les plus intimes, volume très à petit nombre et qui, s'il était connu, lui aurait nui dans le monde politique. Excité par le dépit et par une certaine appréhension, le roi prit des dispositions pour faire réclamer lettres et imprimés, et pour en obtenir la restitution par la force au besoin; il croyait d'autant plus qu'il était dans son droit en agissant ainsi que dans des cas semblables les particuliers n'hésitent pas à employer les

moyens qui sont en leur pouvoir pour arriver à ce résultat ; Voltaire d'ailleurs doit au Service du Roi et pouvait, même à l'étranger, être forcé à obéir. Mais afin de faire cesser complètement des rapports qui étaient devenus si odieux et pour mettre à néant l'allégation que Voltaire répandait de tous côtés, qu'on voulait le retenir en Prusse malgré lui" le roi se décida à le congédier de son Service et à lui retirer les titres et témoignages de faveur dont il avait joui jusqu'alors.

Il faut que les motifs que le roi avait pour en agir ainsi se soient accrus tout à coup, lors de son retour de Silésie, pour le porter à cette triste extrémité ; car dès le 11 avril, Freckersdor Friedershoff chambellan intime du Palais, homme plein de loyauté ; Serviteur très capable, en qui il avait grande confiance, avait été chargé de rédiger l'ordre qui suit adressé au conseiller Freytag, résident de Prusse à Francfort. Cet ordre était signé de la main de Frédéric :

« S. M. R. notre gracieux Souverain fait informer M. le résident et conseiller de guerre de Freytag que le nommé Voltaire doit passer très prochainement par Francfort-sur-le-Mein et que la volonté de S. M. R est, qu'après s'être adjoint le Conseiller d'État Schmid, il se transporte auprès dudit Voltaire et qu'il exige de lui, au nom de S. M. R., la remise de sa clef de Chambellan, de sa croix et du cordon de l'ordre pour le mérite : et deplus, comme le dit Voltaire s'est fait envoyer d'ici à son adresse à Francfort des paquets ou ballots parmi lesquels doivent se trouver beaucoup de lettres et diverses écritures de la main de S. M. R., les dits paquets et ballots, ainsique toute cassette qu'il pourrait avoir par devers lui, seront ouverts en sa présence, que tous les écrits ainsique un livre spécifié dans la note ci-incluse seront saisis. Et attendu que ce Voltaire est fort intriguant, ces messieurs prendront réciproquement toutes les précautions pourqu'il ne cache rien et ne détourne rien. Ils feront emballer avec soin et m'adresseront à Postdam ce qu'ils auront saisis après avoir fait une perquisition aussi complète que possible. Si toutefois ledit Nottaire ne consentait pas à ~~consentement~~ se dessaisir des objets susdits, il faudrait le menacer des arrêts et, s'il persistait dans son refus, ~~il faudrait alors~~ l'arrêter, ~~et~~ le saisir du tout sans plus de façon et le laisser aller ensuite. Je suis votre bien affectionné.

Frdc.

Postdam, 11 Avril 1753.

Il n'y a point à s'étonner si en cette circonstance Frédéric employa Fredersdorff au lieu d'employer un de ses conseillers d'état; car l'on sait que, pour les affaires de ce genre qui sortaient du cercle ordinaire, il en chargeait volontiers les personnes de confiance qui étaient auprès de lui et c'était Fredersdorff qui, lors d'une mésintelligence qui avait déjà existé entre lui et Voltaire, était intervenu officieusement, avec esprit et avec succès. Mais en cette circonstance le premier germe de cette brouille fatale vint, de ce que l'homme chargé de porter au nom du Roi, plein de zèle et d'intelligence n'était pas un homme d'état connaissant les affaires, et cette brouille causée par une mesure qui paraît bien simple prit pour les deux partis des développements malheureux et désagréables, portés à l'excès, il est vrai, par l'aveuglement insensé de Voltaire, ses subtilités et son emportement.

Les termes défectueux et la négligence de rédaction de la dépêche royale frappèrent ceux qui la reçurent, car ils devaient avoir d'autant moins l'intelligence précise de l'affaire qu'ils n'étaient pas au courant des circonstances qui s'y rattachaient et, pour ce qui était des lettres et des écrits, ils étaient également exposés à faire ou trop, ou pas assez. Cependant les deux fonctionnaires avaient compris que la première chose à faire pour exécuter la mesure dont ils étaient chargés était de s'assurer du voyageur de manière à ce qu'il ne leur échappat point. Ils y mirent tout leur zèle et assez d'habileté. Ils avaient reçu l'ordre royal le 19 Avril, ils employèrent le lendemain à prendre des informations, à faire les préparatifs nécessaires et ils répondaient au roi le 21 Avril.

« La lettre que V. M. R. a daigné nous écrire relativement à l'affaire Voltaire nous a été remise avant-hier. Attendu que c'est maintenant l'époque de la foire et qu'il arrive des étrangers à chaque instant nous avons pris des mesures que nous croyons efficaces, pour nous saisir de lui. En attendant nous prenons la liberté de demander à votre Majesté Si, dans le cas où ce personnage nous objecterait que ses malles et effets ont été expédiés avant son départ, nous devons le retenir jusqu'à ce qu'il ait fait revenir les dits Sujets ; nous aurions aussi besoin de quelque explication au sujet des mots « ainsi que un livre spécifié dans l'incluse », attendu qu'aucune autre pièce n'accompagnait la lettre de V. M. »

« Il on dit ici qu'il est réellement en bien mauvais état de Santé et qu'il ne passera pas avant la fin de la foire.
Nous Sommes, &. »

Entretemps Freytag avait pris les dispositions les plus urgentes consignées dans la note suivante qu'il avait Soumise à l'approbation du Conseiller Schmid.

« Pro memoria

« 1. M. le conseiller Schmid aura la bonté de voir lui-même les consignes de la porte de tous les Saints et de celle de Friedberg qui sont sous la dépendance des St qu'ils doivent craindre et respecter, et de leur donner les instructions touchant la surveillance qu'ils auront à exercer avant et après l'arrivée du Sieur de Voltaire ; ils devront s'enquérir du quartier où il descendra à faire Suivre sa voiture par un exempt pour voir s'il descend réellement dans l'hôtel qu'il aura déclaré. Son

arrivée sera annoncée aussitôt à M. le conseiller par un messager
spécial, auquel le portier consigne promettra 20 Kreutzer avant
de l'expédier; on promettra aussi un ducat au portier consigne
pour qu'il garde le silence. En défendant au portier consigne
de faire connaître au Sieur de Voltaire les mesures que l'on a
prises, on lui donnera pour prétexte de ces mesures qu'il s'agit
d'un paquet que l'on veut remettre au Sieur de Voltaire en mains
propres. Comme il pourrait arriver que Voltaire prît un autre nom,
il serait bon alors que le portier consigne fut autorisé à adresser
à M. le Conseiller tous les français qui se présenteraient avec un
équipage de quelque importance. Dans tous les cas on peut donner
son signalement aux portiers consignes.»

«2. Sous prétexte que M. le conseiller aura à se faire conduire
quelque part par le maître de poste Kleess, qu'il charge son principal
commis d'épier celui qui se passe chez ce dernier.»

«3. Il serait bon que M. le Conseiller envoyat une personne capable
et de confiance à Friedberg, laquelle s'installerait à l'hôtel de la poste
et y demeurerait jusqu'à l'arrivée de Voltaire. On lui donnerait pour
cela un thaler par jour.»

«4. Comme je vais prendre aujourd'hui la même mesure pour
Hanau.»

«5. Il serait bon de s'informer in ces deux endroits où a
logé le Sr de Voltaire lors de ses voyages précédents.»

«6. Il faudrait envoyer dans ces deux endroits des agents de
police qui iraient chaque jour dans les principaux hôtels
demander après un français nommé Maynvillas. On leur répon-
drait probablement; qu'il n'était à l'hôtel personne de ce nom,
mais qu'il y a un français du nom de Voltaire et nous aurions
ainsi de ses nouvelles sans en demander.»

12.

«7. Je donnerai à mon facteur, qui m'est très dévoué, des
instructions secrètes pour qu'il voie si des lettres auraient été
envoyées déjà au Sr de Voltaire, ou chez qui elles auraient été

adressées."

„Veuillez, M. le Conseiller, porter votre attention sur cette
note et me la renvoyer. La personne que j'envoye à Dannen-
part aujourd'hui."

Schmid n'avait que le second rôle dans cette affaire; mais il était
plus ardent et plus hardi que Freytag; aussi celui-ci tenait-il beaucoup
à avoir son avis. Schmid approuva les ouvertures de Freytag et se
mit aussitôt en mesure pour les mettre à exécution. Il approuva comme
très efficace celle qui porte le n° 7.

Freytag ayant appris par les journaux qu'il y avait un apparte-
ment de préparé pour Voltaire à l'hôtel du Lion d'or, et qu'on l'y
attendait sous peu, il semblait impossible qu'il pût leur échapper
et ils crurent pouvoir en toute sûreté rappeler les gens qu'ils avaient
postés aux environs.

Entre temps, le 29 Avril, un nouvel ordre de cabinet était
expédié par Fredersdorff; les ordres antérieurs s'y trouvaient
confirmés, et l'on donnait des explications pour les détails qui
avaient été omis. En voici le contenu:

„S. M. R. fait savoir à Mess. de Freytag et Schmid, que
Voltaire venant à passer par Francfort; il faut s'en tenir à
suivre ce qui est marqué dans la première dépêche. On examine-
ra les bagages avec le plus grand soin, et on le retiendra
jusqu'à ce qu'il ait rendu tous les manuscrits de S. M. sans
exception; il faudra qu'il fasse revenir les bagages pour que
ces deux messieurs les examinent; le livre qu'il est très important de renvoyer porte le titre de: Œuvres de poésie.
                                                    Fréd.

„Potsdam, le 29 Avril 1753.
            „Ordre à Mess. Freytag et Schmid de faire une
        perquisition dans les papiers de M. de Voltaire et de
        s'emparer de manuscrits spécifiés."

Ici encor l'on s'étonne de trouver une désignation insuffisante

puisque l'on ne dit plus, des lettres et des écrits", mais tous les
manuscrits du Roi. Il y avait là de quoi mettre dans l'indéci-
sion, même des hommes lettrés, sur ce qu'il fallait entendre par
papiers et surtout quelle importance on pouvait y attacher.

Cependant Schmid eut connaissance que Voltaire était encore
occupé à différents travaux à Leipzig et qu'on ne devait pas l'attendre de sitôt à Francfort. Retenu chez lui par l'état de sa
santé, Schmid en informa aussitôt Freytag par un billet daté
du 6 mai, où il lui disait aussi: "le livre en question dont S. M.
a fait mention dans son ordre de cabinet consiste en un volume
de poésies sans autre indication;" présupposition erroné, comme nous
venons de le voir, ce qui ne pouvait que contribuer à augmenter la
confusion; car l'on pouvait difficilement concevoir que le Roi pût
attacher une si grande importance à un livre imprimé.

Une nouvelle difficulté s'éleva pour Freytag, Schmid lui ayant
annoncé qu'il était obligé de se trouver le 28 mai à Emden
jour le 28 mai jour fixé pour l'assemblée générale de la Société
royale du commerce asiatique, il s'engageait, en outre,
dans le cas ou Voltaire arriverait dans cet intervalle, à suivre
à la lettre les ordres du Roi en s'adjoignant toutefois le Dr.
Rücker, membre du Sénat de Francfort, qui était parfaitement
capable de le remplacer. Mais Freytag tracassé de cette nouvelle
circonstance ne voulut pas donner de suite son approbation à
cette substitution de personne et, dès le 22 mai, il demanda
au roi quelle personne il devait prendre pour s'assister
pendant le voyage de Schmid, et s'il ne jugerait pas convenable
qu'il s'adressât à Dorn son secrétaire attendu sa position
d'employé du gouvernement? Fredersdorff répondit:

« M. le Conseiller de guerre,

« En réponse à votre dépêche du 22 mai à S. M., le roi
vous fait savoir que, comme le Sr de Voltaire doit
s'arrêter quelques mois à Gotha, il n'y a pas lieu à s'occuper

de ce dont vous avez été chargé, jusqu'au moment du passage du
S.r de Voltaire à Francfort, et comme il est à croire que d'ici là
M. le Conseiller Schmid sera de retour à Francfort, il n'y a
pas lieu à s'occuper du choix d'une autre personne pour vous
seconder. Mais quand le S.r de Voltaire passera à Francfort,
conformez vous aux ordres de S. M. Je saisis avec plaisir cette
occasion de vous assurer que je suis avec la plus parfaite considération, Monsieur, "

          «votre très h. Serviteur"

"Postdam, le 29 mai 1763.   Fredersdorff"

     Cette lettre confirmait la prévision de Freytag. Le roi ne voulait
pas ébruiter cette affaire. Mais l'on s'était trompé en pensant que
le séjour de Voltaire à Gotha se prolongerait encore et que,
lorsqu'il arriverait à Francfort Schmid y serait déjà de retour
d'Emden. Le dénouement de cette affaire eut lieu avant
même que Freytag eût pu recevoir cette réponse de Fredersdorff.

     Voltaire en quittant Leipzig avait continué son voyage,
il était arrivé vers le milieu d'Avril à Gotha et il y avait été
reçu par la cour de la manière la plus empressé et la plus
flatteuse. Après y être resté plus d'un mois, il se dirigea sur
Cassel où il désirait rendre visite au Landgrave. Il fut tout
surpris d'y rencontrer le chambellan de Pöllnitz, aussi
connu comme écrivain que comme courtisan et qui était
des familiers de Frédéric à Postdam. Voltaire ne parla avec
lui que de choses superficielles, mais il fut frappé de la présence de ce personnage et il se demandait ceque Pöllnitz pouvait
avoir à faire à Cassel? Il est possible que Voltaire ait eu le
soupçon que Pöllnitz se trouvait là, envoyé à son sujet,
mais nous ne comprenons pas ceque a pu faire naître un tel
soupçon dans l'esprit de Voltaire. On ne se doutait guère à
Postdam que Voltaire dût venir à Cassel où Pöllnitz de son
côté avait si peu cherché à le rencontrer qu'il ne le suivit pas à

Wabern où la cour de Hesse résidait alors et où Voltaire passa agréablement plusieurs jours.

Collini nous a laissé une agréable peinture de la manière de voyager de Voltaire; c'était celle d'un homme riche qui sait prendre ses aises, elle était en rapport avec son âge, son état maladif et sa fortune, sans ostentation comme sans lésinerie, mais toujours assez remarquable par un certain air de distinction; il voyageait sans se cacher, sous son nom et ne songeait pas plus à le tenir secret qu'à le changer. Sa verve, son ardeur au travail ne s'abandonnaient pas en voyage et chaque séjour qu'il faisait était signalé par des travaux; au milieu des circonstances les plus diverses il s'occupait des sujets les plus opposés.

Nos voyageurs tranquilles et pleins de bonne humeur passèrent par Marbourg, Giessen, Butzbach et Friedberg où ils se donnèrent le plaisir de visiter les salines et ils arrivèrent en bonne santé à Francfort dans la soirée du 31 mai. Ils se rendirent à l'hôtel du lion d'or où ils occupèrent les chambres qui leur avaient été préparées d'avance; leur intention était de continuer le lendemain leur voyage vers Strasbourg.

Ici commence une série de scènes qui prirent leur origine dans une discussion de minime importance, et sans éclat d'abord, mais qui finirent par occuper l'attention générale. Il nous faut maintenant apprécier les relations diverses et peser leurs contradictions réciproques d'où jaillira la vérité à travers des témoignages incomplets et d'où, souvent aussi, nous tirerons des conjectures immédiates.

Dès le lendemain Freytag se mit en mesure de se conformer aux ordres du Roi. Comme il n'avait pas encore reçu de réponse aux questions qu'il avait adressées à Potsdam, il n'avait qu'une chose à faire, c'était de suivre les dispositions que Schmid lui avait recommandées. Il informa donc le sénateur Rückler, et prit pour le seconder un officier prussien qu'il trouvait à

Francfort pour le recrutement et, le 1 Juin au matin, où il se rendit accompagné de ces deux personnes auprès de Voltaire qui était occupé des préparatifs de son voyage départ.

16.   Le même jour Freytag fit au Roi le rapport suivant sur ce qui s'était passé.

    « Sire,

    « M. le Conseiller Schmid en partant pour Emden m'a désigné comme pouvant le remplacer M. Rücker Sénateur de Francfort qui dans les affaires du culte réformé s'est conduit comme un vrai prussien et qui m'a aidé ici pour la collecte générale en faveur des malheureux habitants de Francfort. J'ai consenti à cette substitution, provisoirement, en attendant l'approbation de V. M. Comme sur ces entrefaites le Sieur de Voltaire est arrivé ici, je me suis rendu auprès de lui accompagné du Sénateur Rücker et du lieutenant de Brettwitz, du régiment allemand, qui qui se trouve à Francfort pour le recrutement. Après les premières politesses je lui donnai connaissance des intentions de V. M. Le Sieur de Voltaire se troubla, ferma les yeux, et s'appuya contre le dos d'un fauteuil. Je ne lui avais parlé que des papiers; après s'être recueilli, il fit venir dans sa chambre un ami qui voyage avec lui et qui se nomme Colline [Freytag écrit Coligni]; puis, chose que je pourrais appeler une concession, il m'ouvrit deux coffres, une grande cassette et deux portefeuilles. Il fit mille protestations de sa fidélité envers V. M. et sur une nouvelle faiblesse, car il a l'aspect d'un squelette. J'ai trouvé dans le premier coffre un paquet enveloppé, ~~partout la lettre A~~ et que je joins ici, sous la lettre A, je l'ai remis de suite aux mains de l'officier sans s'ouvrir. Notre examen a continué depuis 9 heures du matin jusqu'à 5 heures de l'après-dîner; je n'ai rien trouvé de plus qu'un poème qu'il ne voulait pas me laisser emporter et que j'ai mis dans le paquet; j'ai fait ensuite apposer par le Sénateur un cachet sur le paquet A et j'y ai mis le mien. J'ai demandé au Sieur de Voltaire de me-

déclarer sur l'honneur qu'il n'avait rien d'autre, il m'affirma quod non. Je lui ai parlé alors du livre Œuvres de poésie, et il me dit qu'il le possédait effectivement mais qu'il le trouvait dans une grande caisse qui devait être à Leipzig ou à Hambourg. Je lui déclarai que je ne pouvais pas le laisser partir de Francfort tant que je n'aurais pas cette caisse. Il mit alors en avant mille propositions pour obtenir que je le laissasse partir. Il avait, me dit-il, le plus grand besoin des eaux sous danger de mort. Comme je ne voulais pas que cette affaire allât devant le conseil attendu qu'il me faisait valoir à moi-même sa qualité de Gentilhomme de la Chambre de France, cas dans lequel les fonctionnaires municipaux font beaucoup de difficultés pour procéder à une arrestation, je suis convenu avec lui que, jusqu'à ce que la caisse en question fût arrivée de Hambourg ou de Leipzig, il gardera les arrêts dans la maison qu'il occupe maintenant et que, pour ma sûreté, il me remettrait deux paquets de ses papiers dans dans l'état où ils se trouvaient sur sa table, après les avoir cachetés; il remit aussi l'engagement que je joins ici sous A.B. J'ai trouvé son hôte, qui s'appelle Hoppe et qui a un frère au service de V.M. en qualité de lieutenant de Rochow, dans des dispositions telles qu'il serait impossible au Sieur de Voltaire de partir avec ses bagages. Si je l'avais mis sous la garde de quelques grenadiers, le service militaire est organisé de telle manière ici que je compte bien plus sur la parole qu'il m'a donnée que sur les sentinelles dont j'aurais pu l'entourer. Comme il est en effet très faible et d'une santé ruinée, je lui ai fait donner des soins par le premier médecin de Francfort avec lequel je lui ai offert de se promener dans les jardins; enfin je lui ai fait offre de ma cave et tout ce qui est chez moi. Après quoi je l'ai quitté assez tranquille et consolé. Il m'a remis la clef de Chambellan, et sa décoration avec le ruban.

Le même soir à 7 heures il m'a envoyé la nomination de Chambellan, sub C, et ce matin une lettre de roi — sub D —

18. qu'il ait avoir trouvés sur sa table. Il m'est impossible de savoir combien de cessilles il peut avoir encore et comme je ne sais pas ce que je dois chercher, ni quelle peut être l'étendue de mes recherches, il serait plus convenable qu'un secrétaire du roi vînt ici pour faire ces recherches d'une manière plus convenable, d'autant plus que je n'ai pas l'honneur de connaître l'écriture de V. M.

« Enfin il a écrit en ma présence à ses commissionnaires à Leipzig pour que le ballot sus-mentionné me soit tout d'abord expédié. Il m'a prié d'écrire au chambellan de V. M. M. de Freders- dorff pour qu'il ne fût pas retenu ici plus longtemps, deman- dant que ma lettre fût envoyée par estafette; mais comme il en aurait coûté trois louis d'or je me suis servi de la poste.

J'ai l'honneur d'être, Sire, &c.

« Je lui ai donné reçu des deux paquets d'écrits qu'il m'a remis et sur ses pressantes instances je lui écrit une lettre qu'il voulait envoyer à sa nièce pour la tranquilliser, et où je lui ai donné l'assurance qu'il serait libre aussitôt après l'arrivée du ballot de Leipzig. »

Comme on le voit par cet exposé on procéda avec assez de ménagements; Freytag, par la manière dont il intervenait, voulait causer quelque intimédation tout en procédant avec courtoisie, et, comme il savait avoir à un homme qui jusque alors eu la faveur du roi et qui ne l'avait peut être pas encore perdue, tel fût sans doute le motif de sa conduite; tout ce qu'il voyait d'ailleurs lui disait qu'il avait à faire à un personnage important et qui imposait par son extérieur et par son rang. La surprise de Voltaire, en apprenant ce que l'on exigeait, n'était pas jouée certainement; quand il se recule pour s'appuyer sur un fauteuil et fermer les yeux, c'est là un fait caractéristique; l'on dirait, qu'en prenant cette attitude, il a su trouver aussitôt le plan de conduite qu'il lui convenait le plus de suivre d'après tout ce qui s'était passé et sa sagacité dut lui faire comprendre

n'existait pas d'autre expédient que celui de

19.   qu'il devait condescendre à ce que l'on exigeait de lui. Le ~~fatigant~~ pénible
examen des bagages, la remise des papiers du roi, tout cela se fit sans
difficulté. Mais quand il fut question du livre que le roi redemandait, ce fut une grande contrariété des deux côtés de n'avoir pas
sous la main ce livre qui se trouvait au fond d'une caisse
dont il fallait attendre d'abord l'arrivée et qui peut être même
n'arriverait pas par cette voie. Voltaire dans le premier moment
pouvait se réjouir d'une circonstance qu'il pensait devoir faire
échouer en partie les intentions du roi, mais il donnait la chose
comme plus difficile qu'elle ne l'était réellement quand il disait
qu'il ne savait pas si la caisse dans laquelle se trouvait ce livre,
était à Leipzig ou à Hambourg, ~~il est au moins douteux qu'il~~
~~y ait envoyé~~ car, pour ce qui est de Hambourg, il est au moins
douteux qu'il y ait envoyé ses bagages ; quand il vit qu'il
devait de toute nécessité faire venir les caisses il savait fort
bien qu'elles étaient encore à Leipzig, et celle dont on avait besoin
arriva dans un très bref délai. Freytag devait être plus embarassé
que Voltaire, mais il ne pouvait s'empêcher de faire retomber
sur lui tout le poids de son embarras lui déclarant qu'il ne
pourrait pas lui rendre la liberté tant qu'il n'aurait pas reçu le
livre. Alors Voltaire s'aperçut que l'avantage n'était pas de son
côté et il employa en vain son éloquence pour faire qu'il en fût
autrement ; il se conforma à la convention de rester aux arrêts sur
parole et de ne point sortir de l'hôtel jusqu'à l'arrivée de la
caisse. Mais il s'ingéniait à trouver des prétextes et des
artifices de tout genre pour échapper à ses engagements le
moins visiblement qu'il se pourrait. Quand on voit quel usage
Voltaire voulut faire plus tard de la correspondance avec sa
nièce qu'il avait instamment sollicité de Freytag et qui n'avait
d'autre but suivant lui que de la consoler, l'on peut se demander
si, dans les supplications qu'il fit, il n'y avait pas quelque
intention secrète ; il pouvait craindre, quand on en agissait

si sévèrement avec lui tout d'abord que l'on eut plus tard de nouveaux motifs pour être plus sévère encore et il avait certainement connoissance de choses qui devaient augmenter la mauvaise humeur du roi, aussi désirait-il pouvoir se regarder comme libre dès que la caisse serait arrivée; l'hypothèque des

20. deux paquets formés de papiers qui lui appartenaient en propre, — et qui probablement ne lui faisaient pas autrement défaut — n'avait peut être pas d'autre but que de prouver, quand il lui plairait, que sa détention n'était pas le résultat de la parole qu'il avait donnée, mais du gage qu'il avait livré. Un des billets qui font partie de cette affaire, d'une écriture rapide est ainsi conçu:

« J'ai reçu de Monsieur de Voltaire deux paquets d'écritures, cachetés de ses armes, et que je lui rendrai, après avoir reçu la grande malle de Leipzig ou d'Hambourg, où se trouve l'Œuvre de poésie que le roi demande.

Francfort, le 1 Juin 1753.   Freytag, Résident. »

Voltaire écrivit de sa main au revers, en gros caractères et très soignés: « Promesses de Mr de Freytag. »

Le débat pénible et l'examen des papiers avaient duré toute la journée et avaient dû certainement fatiguer extrêmement l'irritable Voltaire qui, d'ailleurs, n'était pas en bonne santé; le soir cependant, son esprit avait repris assez de calme pour qu'il ait pu informer sa nièce de ce qui s'était passé et lui dire que son arrivée à Strasbourg se trouverait retardée. Il écrivit aussi plusieurs autres lettres assez longues dans lesquelles il n'était pas question de sa mésaventure. Collini assure qu'il travailla, aussi tranquillement que s'il ne lui était rien arrivé, aux Annales de l'Empire qu'il avait commencées à Gotha.

~~intellectuel et de pas avoir la liberté d'esprit ou d'être~~
~~disposé à écrire un ouvrage.~~ Et l'on doit ici rendre
hommage à cette faculté merveilleuse que possédait Voltaire
d'être toujours prêt au travail qu'il s'agisse de se plonger
avec ardeur dans des études sérieuses ou de se livrer aux
paisibles travaux de pure imagination.

Plusieurs jours se passèrent pendant lesquels on attendit tranquillement l'arrivée de la caisse. Cependant la nouvelle de la présence
de Voltaire à Francfort s'était répandue ; aussi recevait-il beaucoup
de visites qui ne faisaient que l'exciter. Le sentiment qu'il n'avait pas
la liberté, l'irritait chaque jour davantage, et son irritabilité était
devenue extrême. Colline raconte qu'un après midi il se promenait
dans le jardin avec Voltaire lorsque le libraire Van Duren, qui
avait été fort peu honnête dans ses rapports avec lui, se fit annoncer,
mais qu'à peine Voltaire eut-il reconnu le libraire, qu'il se précipita
sur lui avec la rapidité de l'éclair, lui donna des soufflets puis se
retira et Colline ne sut donner au battu d'autre consolation que
de lui dire qu'au moins il avait été frappé par un homme bien
célèbre. Voltaire fut bientôt excité ~~à lui et dirigeait il dirigeait à~~
~~il et travail~~ par divers avis et conseils qui le poussaient à la
résistance et qui, à l'acte despotique du résident de Prusse, lui oppo-
saient son droit, lui faisant même craindre d'être exposé à être traité
plus durement. Lors de l'arrivée fortuite, du duc de Meiningen à Francfort,
Voltaire voulut aller lui rendre ses hommages et il ne fut pas
peu indigné quand Freytag l'en empêcha. Ce qu'a raconté
~~nos obéi avoit, ce ne se fit, et en de et faire~~
~~suffit et se déguise il le parait~~ Freytag dans sa lettre de 5 Juin
en réponse à celle de Fredersdorff du 29 mai qu'il avait reçue sur ces
entrefaites :

« Très noble Seigneur, M. le Chancelier privé !
« Vous avez reçu, j'espère, la dépêche que j'ai pris la liberté
d'adresser à S. M., sous votre couvert, par le dernier courrier et je

pense que vous en avez pris connaissance. Il n'y a pas eu moyen, lors de l'arrivée de Voltaire, de faire autrement que de me faire assister des personnes proposées par M. Schmid. Quant à l'officier qui ne sait pas un mot de français, j'ai eu recours à lui, autant pour ma sûreté personnelle que pour imposer le respect de ma personne au Sieur de Voltaire et pour n'avoir pas à procéder à une arrestation publique. Je crois bien qu'il a encor pas devers lui des manuscrits, mais je ne sais quel moyen imaginer pour me les procurer. Il faudrait, je crois, le faire rentrer sur le territoire prussien; ce qui ne peut avoir lieu sans une réquisition spéciale. Il commence à se faire de chauds amis qui, peut-être déjà, lui donnent l'espérance de le faire soutenir par les magistrats. Il a été assez insolent quand j'ai été le voir. Il a demandé à ~~changer de~~ ~~logement~~ ~~dans...~~; et il voulait aussi aller rendre visite au duc de Meiningen; ce que j'ai dû lui refuser en y mettant toute la politesse possible. Alors il se mit à dire:

« Comment, votre roi me veut arrêter ici, dans une ville impériale? pourquoi ne l'a-t-il pas fait dans ses états? Vous êtes un homme sans miséricorde, vous me donnez la mort, et vous tombez sûrement dans la disgrâce du roi. » Je me suis retiré après lui avoir répondu assez sèchement. »

« Il ~~paraît très~~ a l'air chétif et débile; mais je ne saurais dire s'il y a feinte chez lui, ou bien, s'il a toujours cet aspect d'un cadavre. »

« S'il fait venir ici les autres ballots qu'il a ailleurs, j'aurai besoin d'un ordre que je puisse produire, ou même d'une réquisition adressée aux autorités pour pouvoir s'arrêter en suivant les formes légales. »

« Je joindrai la croix et la clef de chambellan au livre lorsque je vous l'enverrai.

« Je désirais depuis longtemps d'entrer en correspondance avec vous et je saisis avec empressement l'occasion qui m'est offerte aujourd'hui de vous assurer des Sentiments de.

À partir de ce jour Voltaire devint tout autre. Son *toute* l'abandonna

et il ne considéra *plus* ce qui lui arrivait comme un évènement malheureux

où il fallait montrer quelque courage; mais comme un abus inoui de la

force, comme un affront injurieux qui en recèlait d'autres encore, pour

plus tard. Le triomphe de son ennemi, de Maupertuis, les railleries de

ses compatriotes, qu'il avait bravés jusques là, grâces à la manière brillante

dont l'avait traité un glorieux monarque qui lui avait accordé sa protection

et qui maintenant semblait le fouler aux pieds, la manière cruelle,

dont ce roi semblait le désavouer, tout cela l'exaspérait au plus haut

point; et il se sentait assez de courage et de force d'esprit pour

employer tous les moyens pour se venger et recouvrer sa liberté.

Il se mit aussitôt à l'œuvre avec le feu que lui donnait et la colère

et son activité naturelle. Son application principale était de sortir

du piège où il était tombé. S'il avait pu partir de Francfort, la

partie était gagnée pour lui. Quelques minutes, au moment favora-

ble, lui suffisaient pour cela, si elles se présentaient et qu'il pût en

profiter, il pourrait alors se moquer des autres. Dans le premier

moment il essaya de faire tourner contre le résident le crédit dont

il jouissait auprès du roi; il disait, que c'était un malentendu, une

étourderie, il menaçait de la colère et du ressentiment du roi, si les

choses arrivaient à sa connaissance; en tout cas Freytag devait ne pas

se sentir trop à son aise et bien des réflexions devaient lui venir

à l'esprit et l'embarrasser; cependant les ordres qu'il avait reçus

étaient trop positifs pour qu'il pût se permettre de s'en écarter,

il dût les exécuter au péril même de n'en recueillir que blâme

et reproches. Voltaire n'ayant pas réussi dans ses tentatives pour

battre Freytag en mettant en avant le nom du Roi, ce fut contre

ce dernier alors qu'il dressa ses batteries. *Il suffit* pour lui enlever

une victoire qu'il croyait bien certaine et déjouer tous ses plans, il

travailla sur tout à se donner comme ayant pour lui l'avantage

du droit et des conséquences qui en découlent. Pour en arriver là

Voltaire avait bien, il est vrai, de puissantes ressources : ses admirateurs et ses partisans étaient nombreux, il possédait lui-même
une certaine apparence de puissance et il avait des relations en
tous lieux avec les personnages les plus élevés ; mais il se
trompa, en cette circonstance, sur la valeur des forces d'un
simple particulier et sur l'emploi qu'il peut en faire contre le
pouvoir politique. Voltaire comprit bien qu'il lui fallait transporter son affaire dans les plus hautes régions. S'il avait pû tenir
tête au roi de Prusse, en lui opposant l'empereur et par là lui
échapper, c'eût été pour lui la vengeance la plus agréable et pour
le roi le coup le plus sensible. Séduit par cette idée, il se mit
aussitôt à l'œuvre, et adressa à l'empereur François I la lettre
suivante que nous donnons d'après l'excellente édition de ses
Œuvres publiée par M. Beuchot ;

    « Sire,

    « C'est moins à l'Empereur qu'au plus honnête homme de
l'Europe que j'ose recourir dans une circonstance qui l'étonnera
peut-être, et qui me fait espérer en secret sa protection.

    « Sa Sacrée Majesté me permettra d'abord de lui faire voir
comment le roi de Prusse me fit quitter ma patrie, ma famille,
mes emplois, dans un âge avancé. La copie ci-jointe, (de la
lettre du roi de Prusse, du 23 Août 1750) que je prends la liberté
de confier à la bonté compatissante de Sa Sacrée Majesté, l'en
instruira.

    « Après la lecture de cette lettre du roi de Prusse, on
pourrait être étonné de ce qui vient de se passer secrètement
dans Francfort.

    « J'arrive à peine dans cette ville, le 1er Juin, que le
sieur Freytag, résident de Brandebourg, vient dans ma
chambre, escorté d'un officier prussien, et d'un avocat, qui est
du Sénat, nommé Rücker. Il me demande un livre imprimé,
contenant les poésies du roi son maître, en vers français.

« C'est un livre où j'avais quelques droits, et que le roi de Prusse
m'avait donné, quand il fit les présents de ses ouvrages.

« J'ai dit au résident de Brandebourg que j'étais prêt de
remettre au roi son maître les faveurs dont il m'a honoré,
mais que ce volume est peut-être encore à Hambourg, dans
une caisse de livres prête à être embarquée ; que je vais aux
bains de Plombières, presque mourant ; et que je le prie de me
laisser la vie en me laissant continuer ma route.

« Il me répond qu'il va faire mettre une garde à ma porte ;
il me force à signer un écrit par lequel je promets de ne
point sortir jusqu'à ce que les poésies du roi son maître soient
revenues ; et il me donne un billet de sa main conçu en ces
termes :

« Aussitôt le grand ballot que vous dites d'être à
« Leipsick ou à Hambourg sera arrivé, et que vous aurez rendu
« l'Œuvre de poësies à moi, que le roi redemande, vous
« pourrez partir où bon vous semblera. »

« J'écris sur-le-champ à Hambourg pour faire revenir
l'Œuvre de poësies, que M. Freytag redemande pour lequel
je me trouve prisonnier dans une ville impériale, sans aucune
formalité, sans le moindre ordre du magistrat, sans la
moindre apparence de justice. Je n'importunerais pas Sa Sacrée
Majesté s'il ne s'agissait que de rester prisonnier jusqu'à ce que
l'Œuvre de poësies, que M. Freytag redemande, fut arrivée à
Francfort ; mais on me fait craindre que M. Freytag n'ait
des desseins plus violents ; en croyant faire sa cour à son maître,
d'autant plus que toute cette aventure reste encore dans le
plus profond secret.

« Je suis très loin de soupçonner un grand roi de se porter, pour un
pareil sujet, à des extrémités que son rang et sa dignité désavoueraient,
aussi bien que sa justice, contre un vieillard moribond qui lui avait
tout sacrifié, qui ne lui a jamais manqué, qui n'est point son sujet,

qui n'est plus son chambellan, et qui est libre. Je me croirais criminel de le regretter assez pour craindre de lui une action odieuse. Mais il n'est que trop vraisemblable que son résident se portera à des violences funestes, dans l'ignorance où il est des sentiments nobles et généreux de son maître.

« C'est dans ce cruel état qu'un malade mourant se jette aux pieds de Votre Sacrée Majesté, pour la conjurer de daigner ordonner, avec la bonté et le secret qu'une telle situation me force d'implorer, qu'on ne fasse rien contre les lois, à mon égard, dans sa ville impériale de Francfort.

« Elle peut ordonner à son ministre dans cette ville de me prendre sous sa protection; elle peut me faire recommander à quelque magistrat attaché à son auguste personne.

« Sa Sacrée Majesté a mille moyens de protéger les lois de l'Empire et de Francfort; et je ne pense pas que nous vivions dans un temps si malheureux que M. Freytag puisse impunément se rendre maître de la personne et de la vie d'un étranger, dans la ville où Sa Sacrée Majesté a été couronnée.

« Je voudrais, avant ma mort, pouvoir être assez heureux pour me mettre un moment à ses pieds. Son Altesse Royale madame la duchesse de Lorraine, sa mère, m'honorait de ses bontés. Peut-être d'ailleurs Sa Sacrée Majesté pousserait l'indulgence jusqu'à n'être pas mécontente, si j'avais l'honneur de me présenter devant elle, et de lui parler.

« Je supplie Sa Majesté Impériale de me pardonner la liberté que je prends de lui écrire, et, surtout, de la fatiguer d'une si longue lettre; mais sa bonté et sa justice sont mon excuse.

« Je la supplie aussi de faire grâce à mon ignorance, si j'ai manqué à quelque devoir dans cette lettre, qui n'est qu'une requête secrète et soumise. Elle m'a déjà donné une marque de ses bontés, et j'en espère une de sa justice. Je suis avec le plus profond respect de

   Voltaire, gentilhomme ordinaire de
   Sa Majesté très chrétienne."

"à Francfort, le 9 Juin."

Pour faire parvenir cette lettre à son adresse, il eut recours à un grand personnage avec lequel il se flattait d'être en bons rapports et qui lui semblait parfaitement en position de communiquer ses peines à l'empereur. On n'a pas su jusqu'ici le nom de ce personnage, mais il est à présumer qu'il s'agit du Comte de Stadion, alors conseiller privé en service de l'empereur, grand chambellan et ministre d'état de l'électeur de Mayence. Voltaire lui adresse sa requête à l'empereur en l'accompagnant de la lettre ci-jointe que nous empruntons à l'édition Beuchot.

"A qui puis-je mieux m'adresser qu'à Votre Excellence? Elle m'a comblé de ses bontés, elle m'a prouvé des marques de la bienveillance de Leurs Majestés Impériales, et je regarde aujourd'hui comme un de mes devoirs de n'implorer que sa protection. Je suis sûr du secret avec Votre Excellence; elle verra de quelle nature est l'affaire dont il s'agit par la lettre à cachet volant que je prends la liberté de mettre aux pieds de Sa Sacrée Majesté l'empereur. Elle verra que ce qui se passe à Francfort est d'un genre bien nouveau; elle sentira après quel est mon danger de recourir à Sa Sacrée Majesté; dans des conjonctures où tout est à craindre, avant qu'un étranger, qui ne connaît personne dans Francfort, puisse se soustraire à la violence."

"J'espère que ma lettre et les ordres de Sa Majesté Impériale pourront arriver à temps. Mais si vous avez la bonté, Monsieur, de me protéger dans cette circonstance étonnante, je vous supplie que tout cela soit dans le plus grand secret: celui que mon persécuteur, le sieur Freytag, ministre du roi de Prusse, garde soigneusement, prouve assez son tort et ses mauvais desseins.

Je ne puis me défendre qu'avec le secours d'un ordre aussi secret adressé à Francfort à quelque magistrat attaché à Sa Majesté Impériale; c'est ce que j'attends de l'équité et de la compassion de Votre Excellence."

"Mon hôte, chez qui je suis en prison par un attentat inouï, m'a dit aujourd'hui que le ministre du roi de Prusse, le sieur Freytag, est en horreur à toute la ville, mais qu'on n'ose lui résister."

"Votre Excellence est bien persuadée que je ne demande pas que Sa Majesté Impériale se compromette; je demande simplement qu'un magistrat à qui je serai recommandé, empêche qu'il ne se fasse rien contre les lois."

28. "Je supplie Votre Excellence de vouloir bien m'adresser sa réponse par quelque homme affidé; sinon je la prie de daigner m'écrire par la poste, d'une manière générale. Elle peut assurer l'empereur ou Sa Sacrée Majesté l'impératrice, que, si je pouvais avoir l'honneur de leur parler, je leur dirais des choses qui les concernent; mais il serait fort difficile que j'allasse à Vienne incognito; et ce voyage ne pourrait se faire qu'en cas qu'il fût inconnu à tout le monde. J'appartiens au roi de France, je suis très incapable de dire jamais un seul mot qui puisse déplaire au roi mon maître, ni de faire aucune démarche qu'il pût désapprouver. Mais, ayant la permission de voyager, je puis aller partout sans avoir le reproche à me faire; et peut-être mon voyage ne serait pas absolument inutile. Je pourrais donner des marques de ma respectueuse reconnaissance à Leurs Majestés Impériales, sans blesser aucun de mes devoirs. Et si, dans quelque temps, quand ma santé sera raffermie, on voulait seulement m'indiquer une maison à Vienne où je pusse être inconnu quelques jours, je ne balancerais pas. J'attends vos ordres, monsieur, et vos bontés.

"Je suis avec la reconnaissance la plus respectueuse, de
"Voltaire, gentilhomme ordinaire

« de la chambre du roi très chrétien.

« à Francfort-sur-le-Mein, au Lion d'Or, le 9 Juin. »

Nous ne nous arrêterons pas davantage aux erreurs visibles, au jugement erroné de toutes les circonstances, aux vaines espérances qui font le bas de ces deux lettres. Cependant Voltaire, dans son aveuglement, fut assez avisé pour ne pas compter que l'Empereur interviendrait publiquement dans son affaire, mais il se contentait de demander la faveur que l'on usât pour lui, secrètement, de la puissance qu'aurait un semblable intervention afin que les fonctionnaires municipaux de Francfort, ébranlés par la mise en avant du nom du roi, se déterminassent à se décider de refuser ultérieurement tout appui au résident prussien et à favoriser le départ de Voltaire ou à le laisser se réaliser comme une évasion clandestine.

29. Il ne songeait nullement qu'il fallait d'abord que sa lettre parvînt à Vienne, que là une décision fût prise qui devait être transmise à Francfort pour y recevoir son exécution; il ne voulait pas croire qu'il fallut un aussi grand délai que ne fesait que prolonger sa détention; ~~il ~~ ~~~~ ~~~~ ~~~~ ~~~~ ~~~~ ~~~~ ~~~~ ~~~~ ~~~~ ~~~~ il pensait que son appel à l'empereur aurait pour effet immédiat d'engager son royal protecteur, ou tout au moins l'électeur de Mayence, à faire remarquer, sous main, que le chef suprême de l'empire désapprouvait la complaisance que l'on avait montrée pour les Prusses. Les deux lettres d'ailleurs font peu d'honneur à la circonspection et à le judiciaire de leur auteur; il était impossible qu'elles produisissent un bon effet. Le mélange de flatterie et de supplication devenait une bassesse par l'insistance qui s'y trouve à trahir assez qu'il n'avait en but que l'affaire du moment. L'allusion aux communications que Voltaire se disait à même de faire à la cour impériale, et que l'on ne peut regarder que

comme une trahison envers le roi qui lui avait accordé sa confiance, est le plus grand oubli de lui-même où Voltaire soit jamais tombé. La cour impériale elle-même dut trouver méprisable cette offre et n'eut aucune envie de connaître par Voltaire les secrets d'état de la cour de Prusse. La manière dont il expose les faits a quelque chose d'insaut que nous devons excuser chez un prisonnier exaspéré qui devait être son avocat à lui-même. La répétition affecté du mot poëshie, avec ortographe estropiée, qu'il relève chez le président Freytag, serait tout au moins une maladresse si elle n'était pas quelque chose de pire. Parque chaque fois qu'il arrive à Voltaire de parler de cette affaire, il s'applique à remettre en avant cette faute qui comme une tache ineffaçable doit à tout jamais faire du pauvre Freytag un sujet de risée. C'est là une chose qui n'a aucune importance eu égard surtout à cette époque où les meilleurs écrivains eux-mêmes écrivaient rarement sans commettre des fautes; Voltaire lui-même commettait de ces bévues, M.ᵐᵉ Denis sa nièce également, et il n'y avait pas lieu à faire tant de bruit pour celles que pouvait commettre un

30. fonctionnaire prussien. Mais ce qui rend tout ceci inrogable, c'est que la faute reprochée à Freytag ne se trouve pas dans l'original et n'est qu'une pure invention de Voltaire! Freytag dans les cas nombreux où il emploie ce mot, écrit toujours poésie ou poésies et jamais poëshie. On ne trouve pas davantage dans les pièces écrites par Freytag le changement de Monsieur en Monsir que Voltaire s'amuse encore à prêter à son adversaire. En général, Freytag paraît connaître assez bien le français pour s'en servir parfaitement dans les affaires qu'il avait à traiter et il ne dédaigne pas d'intercaller dans son rude allemand de chancellerie une citation de Molière quand cela lui convient; certes c'est là plus qu'on en pouvait demander.

Par une seconde lettre adressée au même grand personnage,

lettre publiée par M. Beuchot; nous voyons combien croissaient de jour en jour et l'emportement et l'aveuglement de Voltaire. Cette fois Voltaire lui demandait de faire ou de laisser faire un faux; c'était de lui attribuer un titre qu'il n'avait pas, qui lui aurait donné une qualité qu'il ne possédait pas et qu'il ne pouvait posséder. C'était une proposition désespérée, indigne, folle. On n'aurait pas tardé à reconnaître ce mauvais stratagème. Les conseillers sous l'influence desquels il agissait lui rendirent là un mauvais service en l'excitant à faire des réclamations qui n'avaient aucun fondement. Il ne pouvait rien gagner en agissant ainsi et il devait au contraire perdre en estime et en considération près des personnes auxquelles il s'adressait. Voici cette lettre:

  « Monsieur,

    Ce matin, le résident de Mayence m'est venu avertir que la plus grande violence était à craindre, et qu'il n'y a qu'un seul moyen de la prévenir; c'est de paraître appartenir à Sa Sacrée Majesté Impériale. Ce moyen serait efficace, et ne compromettrait personne; il ne s'agirait que d'avoir la bonté de m'écrire une lettre par laquelle il fût dit que j'appartiens à Sa Majesté; et que le dessus de la lettre portât le titre qui serait ma sauvegarde. Par exemple, à M. de.... chambellan de Sa Sacrée Majesté; et on me manderait dans le corps de la lettre que je dois aller à Vienne sitôt que ma santé le permettra. »

    « Votre excellence peut être persuadée que si on avait la bonté de m'écrire une telle lettre; je n'en abuserais pas, et que je ne la montrerais qu'à la dernière extrémité. »

    « Je n'ose prendre la liberté de demander cette grâce; mais si la compassion de Votre Excellence, si celle de Leurs Majestés Impériales daignait condescendre à cet expédient, ce serait le seul moyen de prévenir un coup bien cruel. Ce serait me mettre en état de marquer ma sincère reconnaissance, et encore une fois, on ne serait pas mécontent de m'entendre."

"Mais, Monsieur, s'il y a le moindre inconvénient aux partis que je propose avec le plus profonde soumission, et avec toute la défiance que je dois avoir de mes idées, s'il n'y a pas moyen de prévenir la violence, je suis sûr au moins que Votre Excellence me gardera un secret dont dépend ma vie; je suis sûr que Leurs Sacrées Majestés ne me perdront pas si elles ne sont pas dans le cas de me protéger."

"En un mot, Monsieur, j'ai une confiance entière dans l'humanité et dans les vertus de Votre Excellence, et, quelque chose qui arrive, je serai toute ma vie, avec le plus profond respect, Monsieur, de Votre Excellence le très humble et très-obligeant serviteur Voltaire."

"A Francfort, au Lion d'Or, 7 Juin 1753."

Voltaire, tout en espérant arriver à un résultat avec ce titre supposé de Chambellan de l'Empereur, ne laissait pas, comme nous l'avons vu, de faire valoir celui de roi de... chambellan du roi de France qu'il possédait réellement. Mais il sentait bien qu'il y avait pour lui des raisons pour être fort circonspect en faisant valoir la position qu'il occupait dans sa patrie.

32. Le roi éprouvait de l'antipathie pour lui, le séjour de la capitale lui était interdit, ses réclamations en France ne pouvaient avoir qu'un douteux succès, à cause de sa position en Prusse. Il pouvait bien se prévaloir, auprès de Freytag et à Francfort, de sa qualité de Français, mais il savait très bien que le gouvernement français ne ferait pas la moindre démarche pour lui. Cependant il lui était permis d'espérer, que ses nombreux amis et partisans en France, agiraient vivement en sa faveur et il n'oublia certainement pas de recourir à tout ce qui pouvait exciter le zèle de ses amis, faire pencher l'opinion publique de son côté, effrayer et arrêter ses ennemis. Mme Denis qui était venue de Paris à Francfort pour l'y recevoir, et qui l'y atten-

attendait, était l'intermédiaire de ces démarches & ques de son côté
elle les appuyait de tout son possible. De toutes les
lettres que Voltaire dût, à cette époque, écrire à ses amis les plus
intimes, une seule paraît avoir été conservée, elle est adressée
au Comte d'Argental, nous la copions dans l'édition de M.
Beuchot.

« Ma nièce me mande de Strasbourg que j'ai fait un
beau quiproquo; pardonnez, mon cher ange. Vous avez dû
être un peu étonné des nouvelles dont vous aurez deviné la
moitié en lisant l'autre. Je ne doute pas que ma nièce ne
vous ait mis au fait, et ne vous ait renvoyé la lettre qui était
pour vous. »

« Vous verrez ci-joint un petit échantillon des calculs de
Maupertuis. Est-ce là sa moindre action ? »

« Il n'est pas moins surprenant que, pour se faire rendre un livre
qu'on a donné, on arrête, à deux cents lieues, un homme mourant
qui va aux eaux. Tout cela est singulier. Maupertuis est un
plaisant philosophe. »

« Mon cher ange, il faut savoir souffrir; l'homme est né
en partie pour cela. Je ne crois pas que toute cette belle aventure
soit bien publique; il y a des gens qu'elle couvre de honte; elle
n'en fera pas à ma mémoire. »

« Adieu, mon cher ange; adieu, tous les anges. La poste
presse, et le pauvre petit abbé, où diable fait-il pénitence de sa
passion effrénée pour le bien public ? Portez-vous bien. »

« A Francfort-sur-le-Mein, sous l'enveloppe de M. James
de Lacour; ou, si vous voulez, à moi chétif, au lion d'or. »

Mme Denis, voyant se prolonger le séjour involontaire de son
oncle à Francfort, voulut du moins aller l'assister de ses soins et
de ses consolations; elle arriva à Francfort le 9 Juin et descendit
dans le même hôtel où Voltaire attendait la fin de son emprisonnement. Mme Denis, que Voltaire lui-même, nous donne le droit

d'appeler une méchante femme, était la veuve d'un officier français, elle n'avait aucune fortune personnelle et comptait sur le riche héritage que son oncle devait lui laisser: c'est pour ce motif qu'elle s'était attachée à lui, mais elle avait peu d'affection pour Voltaire qu'elle chagrinait par sa dureté et son égoïsme. Notre vieillard qui, dans ses rapports intimes, était un homme fort aimable, connaissait bien sa nièce, comme le prouve après une de ses lettres remplie de touchantes doléances, mais il fermait volontiers les yeux là dessus et cherchait toujours à s'appaiser et à la présenter au monde sous le jour le plus favorable. Mme Denis haïssait le roi de Prusse parcequ'il avait donné des témoignages de son admiration et de son amitié pour Voltaire et qu'il n'en avait pas été de même pour la nièce qui lui souriait peu. Elle n'avait pas cessé, tant que Voltaire avait été en Prusse, d'exciter sa défiance contre le roi et son mécontentement. L'événement de Francfort semblait confirmer tout à fait ce qu'elle avait prédit, et malheureusement son ~~motion~~ ^{irritation} s'accordait avec celle qu'éprouvait son oncle et qu'elle entretenait de toutes ses forces. Voltaire eut alors l'avantage de pouvoir faire écrire de la main d'une femme, sous sa dictée, sans responsabilité pour lui; aussi les jours suivants de nouvelles prières, de nouvelles demandes, de nouvelles plaintes partirent-elles dans toutes les directions. Nous trouvons dans l'édition Beuchot la fin d'une lettre que Voltaire semble avoir dictée à sa nièce pour le comte d'Argenson:

34 "Voilà; y ajout-il dit, — la cruelle situation où je me trouve. Je n'ai pas la force de vous écrire de ma main. Je vous conjure de lire la lettre du roi de Prusse, ci-jointe. Quelque connaissance que vous ayez de cœur humain, vous serez peu surpris. Mais vous le serez peut-être encore davantage des choses que j'aurai à vous dire à mon retour."

La lettre du roi dont il est ici fait mention est encore la même que Voltaire voulait faire lire à l'empereur, c'est à dire la lettre

d'appeler une méchante femme, était la veuve d'un officier français, elle n'avait aucun soutien personnel et comptait sur le riche héritage que son oncle devait lui laisser; c'est pour ce motif qu'elle s'était attachée à lui, mais elle avait peu d'affection pour Voltaire qu'elle chagrinait par sa dureté et son égoïsme. Notre vieillard qui, dans les rapports intimes, était un homme fort aimable connaissait bien sa nièce comme le prouve après une de ses lettres remplies de touchantes doléances mais il fermait volontiers les yeux là dessus y cherchait toujours à l'apaiser et à la présenter au monde

la lettre d'invitation à lui adressée pourqu'il se rendît à Sans-souci. C'était pour Voltaire une arme que cette lettre et il en avait fait faire le plus de copies qu'il avait pû.

Le même jour Mme Denis écrivit aussi à l'ambassadeur prussien à Paris, lord Maréchal qui antérieurement avait correspondu, directement ou par intermédiaire, avec elle pour lui demander les manuscrits du roi que celui-ci ne voulait plus laisser dans les mains d'un homme qui n'avait plus sa confiance. Sa lettre suivante de lord Maréchal, datée de Paris le 1 Juin paraît n'être parvenue à Mme Denis qu'alors qu'elle était à Francfort —

« J'espère, Madame, que vous aurez vu votre oncle pour votre satisfaction et son profit. Votre bon sens et douceur le calmeront et le remettront, je me flatte, à la raison. N'oubliez pas surtout le contrat. J'ai répondu au roi mon maître de votre honnêteté, je ne m'en repends pas, mais je suis embarrassé du retardement, et si je ne l'ai pas bientôt je ne saurais que dire. Il y a aussi certains écrits ou poésies qu'il me faut; je compte sur votre bon esprit; et permettez moi de vous représenter encore que votre oncle, s'il se conduit sagement, non seulement évitera le blâme de tout le monde, mais qu'en homme sensé il le doit par intérêt, les rois ont les bras longs. »

"Voyons les pays (et ici sans vous offenser) où M. de Voltaire ne s'est pas fait quelque affaire ou beaucoup d'ennemis. Tout pays d'inquisition lui doit être suspect; il y entrerait tôt ou tard. Les Musulmans doivent être aussi peu contents de son Mahomet que l'ont été les bons chrétiens. Il est trop vieux pour aller à la Chine et devenir mandarin, en un mot s'il est sage il n'y a que la France qui lui convienne: Il y a des amis, vous l'aurez avec vous pour le reste de vos jours, ne permettez pas qu'il s'exile de la douceur d'y revenir, et vous sentez bien, s'il lachait des discours ou des épigrammes offensantes envers le roi mon maître, un mot qu'il m'ordonnerait de dire à la cour de France suffirait pour empêcher M. de Voltaire de revenir, et il s'en repentirait quand il serait trop tard. Genus irritabile vatum, votre oncle ne dément pas le proverbe; modérez-le, ce n'est pas assez de lui faire entendre raison, forcez le de la suivre. Horace, me semble, dit quelque part que les vieillards sont babillards, sur son autorité je vais vous faire un conte. Quand la discorde se mit parmi les Espagnols conquérants du Pérou, il y avait à Cusco une dame (je voudrais que ce fût plutôt un poète pour mon histoire) qui se déchainait contre Pizarro. Un certain Caravajal, partisan de Pizarro et ami de la dame, vint lui conseiller de se modérer dans ses discours, elle se déchaina encor plus; Caravajal, après avoir tâché inutilement de l'appaiser, lui dit: "Comadre, veo que para haber callar una muger es menester apretar la garganta." (ma commère je vois que pour faire taire une femme il faut lui serrer le gosier) et il la fit dans le même moment pendre au balcon. Le roi mon maître n'a jamais fait de méchanceté; je défie ses ennemis d'en dire une seule; mais si quelque grand et fort Reiffsor, offensé des discours de votre oncle lui donnait un coup de poing sur la tête, il l'écraserait. Je me

flatte que quand vous aurez pensé à ce que je vous écris, vous serez
convaincu que le meilleur ami de votre oncle lui conseillerait
comme je fais, et que c'est par vraie amitié et sincère attachement
pour vous que je vous parle si franchement; je voudrais vous
servir, je voudrais adoucir le roi. Empêchez votre oncle de faire
des folies, il les fait aussi bien que des vers, et qu'il ne détruise
pas ce que je pourrais faire pour vous à qui je suis fidèlement
dévoué. Bon soir; ne montrez pas ma lettre à votre oncle,
brûlez-la, mais dites-lui en bien la substance comme de vous
même ! — "

        Mme Denis répondit :

    " J'ai à peine la force de vous écrire, Milord; j'arrive
ici très malade, et j'y trouve mon oncle mourant et en prison
dans une auberge abominable. Il est affligé de la colère
d'un prince qu'il a adoré et qu'il voudrait aimer encore;
mais son innocence lui donne un courage dont je suis
étonnée moi-même au milieu de tous les maux qui nous
tourmentent l'environnent. Il est très vrai qu'il n'a point le contrat
dont il est question, il est très vrai qu'il a cru me l'avoir
envoyé et que peut-être il me l'a envoyé en effet; il se peut
faire qu'il se soit perdu dans une lettre qui ne me sera
point parvenue comme bien d'autres; peut-être aussi sera-
t-il dans cette caisse qui est en chemin pour revenir, ou
dans ses papiers à Paris. Pour obvier à tous ces inconvénients,
n'ayant pas la force d'écrire, il vient de dicter à un
homme sûr, un écrit qui non seulement le justifie, mais
annule à jamais ce contrat, et qui doit assurément
désarmer Sa Majesté. Je crois, Milord, que vous serez
content, d'autant que si jamais ce contrat se retrouve
notre premier soin sera de le rendre, malgré l'écrit que nous vous
envoyons. "

    " Je suis si malade, et mon oncle me donne pour la vie

des inquiétudes si grandes réelles, qu'il ne me reste que la force
de vous demander pour lui et pour moi votre amitié. Ne
doutez jamais des sentiments de reconnaissance et d'attachement avec lesquels j'ai l'honneur d'être, Monsieur, votre
très humble et très obéissante servante,

« à Francfort, ce 11 juin.   Mignot Denis. »

L'original de cette lettre que nous avons sous les yeux
porte en plusieurs endroits des corrections de la main de
Voltaire on peut donc la regarder comme écrite conformément à ses intentions.

Mais la lettre la plus importante écrite par Mme
Denis, à cette date du 11 avril, était adressée au roi
lui-même et elle fut sans aucun doute écrite sous l'inspi-
ration de Voltaire. C'était la vraie, la seule marche à
suivre ; si Voltaire avait pu, surmontant son orgueil,
écrire au roi dès le premier jour, combien de peines cruelles
ne se serait-il pas épargnées ! Une lettre de lui aurait
exercé son ancien charme, lui aurait rendu la confiance
du roi et rétabli une bienveillante amitié. Car, même
au point où en étaient les choses, et malgré la conduite
pleine d'insolence de Voltaire, le roi ne voulait pas qu'on
le traitât durement, ni qu'on lui fit éprouver quelques
affront ; c'est ce que démontrent les ordres ultérieurs.
Le voyage en Prusse que le roi entreprit à cette époque, la lenteur
de la poste et des communications, ne contribuèrent pas peu,
il est vrai, à surexciter l'impatience de Voltaire, et cela
perdit tout, en embrouillant les choses au moment où elles
allaient avoir une solution favorable. Voici la lettre de Mme
Denis copiée fidèlement sur l'original :

« Sire,
« Je n'aurais jamais osé prendre la liberté d'écrire à
Votre Majesté sans la situation cruelle où je suis. Mais

à qui puis-je avoir recours sinon à un monarque qui met sa gloire à être juste et à ne point faire de malheureux."

"J'arrive ici pour conduire mon oncle aux eaux de Plombières. Je le trouve mourant; et pour comble de maux il est arrêté par les ordres de Votre Majesté dans une auberge sans pouvoir respirer l'air. Daignez avoir compassion, Sire, de son âge, de son danger, de mes larmes, de celles de sa famille, et de ses amis. Nous nous jetons tous à vos pieds, pour vous en supplier."

"Mon oncle a sans doute eu des torts bien grands, puisque Votre Majesté, à laquelle il a toujours été attaché avec tant d'enthousiasme, le traite avec tant de dureté. Mais, Sire, daignez vous souvenir de quinze ans de bontés, dont vous l'avez honoré, et qui l'ont enfin arraché des bras de sa famille à qui il a toujours servi de père."

"Votre Majesté lui redemande votre livre imprimé de poésies dont elle l'avait gratifié; Sire, il est assurément prêt de le rendre il me l'a juré. Il ne l'importait qu'avec votre permission, il le fait revenir avec ses papiers dans une caisse à l'adresse de votre ministre; il a demandé lui-même qu'on visite tout, qu'on prenne tout ce qui peut concerner Votre Majesté. Tant de bonne foi le désarmera sans doute. Vos lettres sont des bienfaits; notre famille rendra tout ce que nous trouverons à Paris."

"Votre Majesté m'a fait redemander par son ministre le contrat d'engagement. Je lui jure que nous le rendrons dès qu'il sera retrouvé. Mon oncle croit qu'il est à Paris, peut-être est-il dans la caisse de Hambourg. Mais pour satisfaire Votre Majesté plus promptement, mon oncle vient de dicter un écrit (car il n'est pas en état d'écrire) que nous avons signé tous deux; il vient d'être envoyé à Mylord Maréchal qui doit en rendre compte à Votre Majesté."

„ Sire, ayez pitié de mon état et de ma douleur. Je n'ai de consolation que dans vos promesses sacrées et dans ces paroles si dignes de vous: Je serais au désespoir d'être cause du malheur de mon ennemi, comment pourrais-je l'être du malheur de mon ami. Ces mots, Sire, tracés de votre main, qui a écrit tant de belles choses, font ma plus chère espérance. Rendez à mon oncle une vie qu'il vous avait dévouée, et dont vous rendez la fin si infortunée; et soutenez la mienne; je la passerai comme lui à vous bénir.

„ Je suis avec un très profond respect, Sire, de Votre Majesté

„ Le très humble et très obligeante servante,
„ A Francfort-sur-le-Mein, à 11 Juin.   Denis. „

Sur ces entrefaites le conseiller Schmid revenu d'Embden, avait prêté son concours à Freytag. Plusieurs jours se passèrent dans l'attente la plus vive qui était aussi pénible pour Freytag et Schmid que pour Voltaire et Mme Denis. Des deux côtés l'on conserva des rapports pleins de courtoisie et Voltaire, auquel un peu de dissimulation coutait peu, se montra prodigue de flatteries et de gentillesses. Un jour il reçut par la poste un paquet, et Schmid lui ayant demandé, avec discrétion, s'il ne renfermait pas par hasard quelque chose qui eut rapport à son affaire, Voltaire écrivit de sa propre main, sur un billet qui se trouve parmi les pièces: "Ce ballot est un paquet de mes œuvres, que je voulais faire corriger et relier pour en faire un présent à M. Schmid et M. de Freytag."(Au lieu de Schmid Voltaire écrit toujours Smith par suite de son habitude d'écrire ainsi ce nom en anglais). En faisant cette déclaration, il n'avait certainement pas d'autre intention que de se moquer de ces messieurs, et il songeait bien plutôt à leur faire un tout autre présent; mais il ne pensait pas que c'était une platitude et un manque de dignité personnelle que d'employer une telle feinte.

Enfin le 18 Juin, au matin, Freytag reçut exactement la caisse qui avait été demandée à Leipsic. Elle avait été expédiée par voiture avec une vitesse inaccoutumée; elle arriva à l'époque fixée, mais en temps inopportun, car Freytag n'avait pas encore reçu de Potsdam la réponse à son dernier rapport. Voltaire dès qu'il eut connaissance de l'arrivée de la caisse, en fit demander l'ouverture avec instance pour en faire retirer le livre, le remettre et puis continuer sa route en liberté; ce n'est qu'en y ayant recours à toutes sortes de subterfuges que Freytag put le faire attendre jusqu'à 11 heures, heure à laquelle, disait-il, arriverait le poste qui apportait une lettre de Fredersdorff. Jugez de l'effroi de Freytag quand au lieu de la décision qu'il désirait, il n'y trouva qu'un nouveau retardement, Fredersdorff lui mandait:

« Votre lettre du 5 courant ainsique celle qui l'a précédée sont parvenues à S. M. et l'on s'est occupé sur le champs. Mais, comme S. M. n'est pas encore de retour et qu'elle n'est attendue que dans quelques jours, vous voudrez bien attendre jusqu'au prochain courrier les ordres de S. M. Jusques là ne vous mettez pas en peine de tout ce que M. de Voltaire peut vous dire dans son impatience, mais conformez vous aux ordres que vous avez reçus de S. M. et continuez à agir comme vous avez fait déjà fait."

« Je suis fort sensible aux sentiments que vous m'exprimez avec tant de politesse. et je puis vous donner l'assurance que ce sera toujours avec un véritable plaisir que je saisirai toutes les occasions de vous témoigner que je suis,

votre bien dévoué Serviteur,

Fredersdorff."

« Berlin, 11 Juin 1753.

Le prochain courrier, sur lequel Freytag devait reporter son espoir, n'arrivait que trois jours plus tard; et il lui sembla impossible de calmer l'impatience de Voltaire jusqu'à ce moment là; la demande de Voltaire était parfaitement juste, et il n'y avait aucun prétexte pour n'y pas faire droit. Schmid le sentait bien, et comme il avait le courage d'agir, il était pour que l'on ouvrît la caisse, Freytag au contraire, qui par crainte d'être blamé en haut lieu, ne voulait rien faire, s'opposait à cette proposition, il essaya de calmer Voltaire par un petit billet amical et il lui écrivit:

« Monsieur,

« Par un ordre précis que je viens de recevoir à ce moment, j'ai l'honneur de vous dire, Monsieur, que l'intention du roi est, que tout reste dans l'état où est l'affaire à présent, sans fouiller et sans dépaqueter le ballot en question, sans renvoyer la croix et la clef, et sans innover la moindre chose, jusqu'à la première poste qui arrivera jeudi qui vient. J'espère que les ordres de cette nature sont les seuls de mon rapport du 5 de ce mois, dans lequel je ne pouvais pas assez louer et admirer votre résignation dans la volonté du roi, votre obéissance de rester dans la maison où vous êtes, malgré votre infirmité, — et vos constations sincères de votre fidélité envers Sa Majesté. Si je mérite avec tout cela, Monsieur, votre amitié et votre bienveillance, je serai charmé de me pouvoir nommer votre très humble etc. »

Tout cela était de pure imagination et, quant à l'invention du renvoi différé des ordres et de la clef, elle n'avait d'autre but que d'exciter la vanité de Voltaire en le trompant.

Ce ne fut pas sa vanité mais sa méfiance qui fut

le plus mise en jeu par ce billet. Pourquoi se contenter d'annoncer qu'il y a des ordres émanés du roi? Pourquoi n'étaient-ils pas desuite mis à exécution? A quoi bon des délais? Qu'arrivera-t-il en attendant? Voltaire devait bien naturellement faire ces questions et l'impossibilité où l'on se trouvait d'y répondre d'une manière satisfaisante loin de le tranquilliser devait au contraire lui faire craindre de nouvelles complications. Son irritabilité éclate en une violente indignation. Il déclare, qu'il était décidé à ne plus se considérer comme lié par sa parole, s'en référant de son côté, avec une grande mauvaise foi, aux deux billets que Freytag lui avait adressés à son instante prière dans un tout autre but certainement. Il avait consenti il est vrai de nouveau, quand il s'était vu menacé, à attendre tranquillement chez lui l'arrivée du prochain courrier, mais il fesait de nouvelles tentatives pour partir, et il renvoya avec brusquerie une personne que Freytag lui avait adressée, cequi obligea ce dernier à rappeler sérieusement à Voltaire l'engagement qu'il avait pris, et à donner à Mme Denis quelques mots d'avertissement. Nous avons, comme replique, deux lettres originales dans lesquelles Voltaire, ainsique Mme Denis, s'expriment avec une politesse parfaite et reconnaissent la bonne volonté de Freytag. Voltaire lui écrit:

« Monsieur, j'ai demeuré constamment dans ma chambre jusqu'au jour où vous avez eu la malle entre vos mains. Je suis sorti ce matin suivant votre permission, j'ai été chez Mr. Smith comptant que nous irions ensemble chez vous, et ne sachant pas que c'était grand jour de poste. Je me suis trouvé mal chez Mr Smith, je viendrai recevoir vos ordres, à l'heure que vous voudrez, ou je les attendrai chez moi, comptant entièrement sur les bontés dont vous m'avez donné des assurances et étant parfaitement, Monsieur, votre très humble et très obéissant Serviteur, Voltaire."

La lettre circonstanciée de M.me Denis du 18 Juin était vraisemblablement adressée à l'abbé de Prades qu'elle savait être bien posté pour Voltaire et dans des rapports intimes avec le Roi et elle a été évidemment rédigée pour être communiquée au Roi. M.me Denis expose la situation de son oncle d'une manière touchante et détaillée :

« Vous savez sans doute, Monsieur, qu'au seul nom du roi votre maître, mon oncle a montré toute la résignation, toute la soumission possible, vous savez qu'il a fait plus que l'on exigeait de lui, et qu'il a fait adresser à M. Freytag, résident de Prusse, une grande caisse contenant des hardes, des papiers et des livres, voulant que M. Freytag l'ouvrit lui même quand elle arriverait. Il a montré avec la même bonne foi à M. Freytag tout ce qui était dans les malles et les cassettes qu'il transportait avec son équipage et dans un grand portefeuille qui ferme. Il s'est soumis à rester en prison jusqu'au moment où le livre des poésies de Sa Majesté fut revenu. Le livre est arrivé, Monsieur, il est dans la caisse que M. Freytag a entre les mains, on ne veut pas l'ouvrir, et on l'empêche de partir. Mon oncle est prisonnier dans sa chambre avec les jambes et les mains enflées, et il a encore donné pour sûreté de ce livre de poésie qui est arrivé deux liasses de ses propres papiers cachetés que M. Freytag a reçues en dépôt, et M. Freytag lui a fait deux billets conçus en ces termes :

"M.r aussitôt le grand ballot que vous dîtes d'être à "Hambourg ou Leipsick sera arrivé et le livre de poésie "rendu à moi que le roi redemande, vous pourrez partir "où bon vous semblera. Freytag."

"J'ai reçu de Mr de Voltaire deux paquets d'écritures

„ cachetés de ses armes et que je lui rendrai après avoir reçu
„ la grande caisse où se trouve l'œuvre de poésie que le roi
„ demande. *Freytag.* "

„ M. de Voltaire a satisfait à tous ses engagements, et
cependant on le retient encore prisonnier. On ne lui rend
ni la caisse, ni ses deux paquets, ni sa liberté que M.
Freytag lui avait promise au nom du roi en présence de
Rücker, avocat. Je ne sais, Monsieur, si Sa Majesté redemande
à présent le contrat annulé dont Milord Maréchal m'a
parlé à Paris, il est encore malheureusement égaré, s'il ne se
trouve pas dans la caisse qui est entre les mains de M.
Freytag. Nous le cherchons, mon oncle et moi, sans ar..
depuis deux mois. Je donnerais quatre pintes de mon sang
pour qu'il fût retrouvé. Mais que le roi daigne se ressouvenir
que ce contrat était sur un petit chiffon de papier fort
facile à perdre; que mon oncle a beaucoup de papiers,
qu'il brûle souvent des brouillons; qu'il daigne penser que cet
écrit ne contenait rien qu'un remercîment de la part de mon
oncle de la pension que Sa Majesté lui donnait lorsqu'il
était auprès d'elle, et que l'acte de rénonciation que nous lui
envoyons prouve par sa force notre entière soumission. Mon
oncle l'a adressé à Milord Maréchal, mais comme nous
craignons qu'il n'ait pas encore arrivé jusqu'au roi,
j'ai l'honneur de vous en envoyer un pareil que nous avons
signé et que nous vous prions de remettre à Sa Majesté
prussienne; malgré cet acte nous ferons l'impossible pour
le retrouver s'il existe encore, et nous le rendrons dans la
minute qu'il sera retrouvé. "

„ Je vous rends un compte fidèle de tout pour vous
marquer à quel point je compte sur la justice et sur
la bonté de vous; j'attends de vous quelque consolation
dans mon état déplorable, car pour mon oncle il n'est

plus en état d'en recevoir, et vous apprendrez bientôt
peut-être sa fin déplorable. Il a sans doute des torts
44 mais jamais il n'a cessé d'adorer le roi, et jamais il
n'en a parlé que pour publier ses talents et sa gloire.
Je ne m'attendais pas, il y a trois ans, que ce serait le roi
de Prusse qui lui causerait la mort. Pardonnez à ma
douleur !

J'ai l'honneur d'être très parfaitement, Monsieur,
votre très humble et très obéissante servante,

Denis "

"D. Francfort-sur-le-Mein, ce 18 Juin."

Il semble à M.me Denis que le roi redemande surtout
cet le papier dont lord Maréchal lui a déjà parlé, et
qu'on n'avait pas encore pu se procurer, mais dont Voltaire
se hâtait de donner une copie afin de rendre plus sensible
le contraste de la faveur qu'on lui avait accordée autrefois
avec la manière dont on le traitait alors. Cependant le
roi, comme nous l'avons vu, redemandait surtout le
livre imprimé avec lequel on pouvait lui nuire en en
faisant un mauvais usage et c'est pour cela qu'il voulait
le retirer des mains qui ne lui offraient plus de garanties.
Il est à remarquer que cette lettre imprimée par Voltaire, et
revue par lui, ne contient aucune plainte contre Freytag
et que le billet de Freytag qu'elle reproduit ne contient pas
les mots poeshie, monsir que Voltaire dans sa plaisanterie
mensongère attribuait à Freytag, et à laquelle les lecteurs
avaient pû facilement croire d'après lui.

Au moment où il touchait au dénouement de toutes
ses contrariétés, poussé par une inquiète agitation, et séduit
par l'idée attrayante de jouer encore un tour à ses persécuteurs
avant la fin, et de mettre les rieurs de son côté, Voltaire,
après en avoir dûment conféré avec M.me Denis et avec

Colliné, se décida à quitter secrètement Francfort; il prétendait que, depuis l'arrivée de la caisse, il n'était plus lié par sa parole, ne se rappelant pas, que depuis lors, il avait renouvelé cet engagement. Colliné dit à ce sujet:

« Voici quel était son plan: il devait laisser la caisse entre les mains de Freytag. Madame Denis serait restée avec nos malles, pour attendre l'issue de cette odieuse et singulière aventure: Voltaire et moi devions partir, emportant seulement quelques valises, les manuscrits et l'argent renfermé dans la cassette. J'arrêtai en conséquence une voiture de louage, et préparai tout pour notre départ, qui ressemblait assez à la fuite de deux coupables. A l'heure convenue, nous trouvâmes le moyen de sortir de l'auberge sans être remarqués. Nous arrivâmes heureusement jusqu'au carrosse de louage; un domestique nous suivait, chargé de deux portefeuilles et de la cassette; nous partîmes avec l'espoir d'être enfin délivrés de Freytag et de ses agents »

Le jeudi 23 Juin était le jour qui, par l'arrivée du courrier de Prusse, devait décider du sort de Voltaire et lui rendre la liberté; et dès le mercredi 20 le projet de fuite était mis à exécution.

Nous allons donner d'abord la série des faits qui se rattachent à cet évènement, avec tous les détails qui se trouvent dans le rapport que Freytag adressa à Fredersdorff le 23 Juin.

« M. le Chambellan,

« Vos deux honorées du 11 et du 16 sont bien arrivées. Dans la première vous émettiez l'idée de continuer à agir comme on a commencé, mais dans la seconde, vous dites que je devrais, sous certaines conditions, auxquelles il s'engagerait, laisser partir M. de Voltaire: ce que nous aurions fait bien volontiers pour nous débarrasser de de toutes les peines que nous cause ce personnage. Mais, avant l'arrivée de votre dernière lettre, dont il redoutait les instructions, s'appuyant sur des raisons de pure invention, ou de nulle valeur, le Sr de Voltaire, contrairement à sa parole donnée, a fait tous ses préparatifs pour s'enfuir avec ses bagages les plus importants, ce qui est cause que l'affaire prend une tout autre face."

"C'est le Mercredi 20 du courant, vers 3 heures, que l'agent de police que j'avais placé à l'Hôtel du Lion pour surveiller Voltaire, vint, tout essoufflé, m'annoncer sa fuite. Pour comble de malheur je n'avais ni secrétaire, ni domestique à la maison; dans cette extrémité j'eus recours à mes voisins, j'envoyai par posté chez eux des messages dans les trois grandes directions de Hanau, de Friedberg et de Mayence; je m'habillai à la hâte et je courus à l'Hôtel du Lion où j'appris que le Sr de Voltaire, habillé de velours noir, était allé à l'Hôtel de la Couronne impériale, qu'il était parti dans une voiture de retour qui venait de Mayence et qu'il avait arrêtée. Le baron de Munch, Chancelier de l'électeur de Trèves à Worms, a eu l'obligeance de me prêter instantanément in hoc flagranti, sa voiture de parade, à six glaces, qui stationnait devant l'Hôtel du Lion. J'envoyai un courrier en avant, à la porte qui mène à Mayence, pour arrêter le Sr de Voltaire jusqu'à mon arrivée; je courus chez mon collègue le conseiller Schmid, que, par le plus grand des malheurs, je ne trouvai pas chez lui; il était à sa maison de campagne, à une demi lieu de Francfort; un de ses domestiques s'y rendit en dix minutes, au galop, Mr Schmid alla en toute hâte trouver le bourgmestre en exercice. Je vous parlerai plus au long tout à l'heure des dispositions prises par ce dernier."

"Je rejoignis, juste à la barrière, le Sr de Voltaire qui,

46.

avec un italien son secrétaire, occupait une voiture des plus misérables — lors de son départ il avait perdu en ville un portefeuille; et il avait passé à peuprès quatre minutes à le rechercher, sans cela je ne l'aurais pas rencontré sur le territoire de Francfort; le sous-officier, par déférence pour un ministre de S. M., arrêta aussitôt le Sr de Voltaire; c'est alors que j'ai pû juger ce voir que sont ces deux individus; les bandits les plus fins ne se seraient pas en ce moment donné plus de mouvement pour reconquérir leur liberté. Entr'autres choses le Sr de Voltaire me dit, in face, à moimême, que j'avais voulu exiger de lui 1,000 thalers lui promettant de lui donner la liberté; il ~~que rien~~ rien m'avoir ~~qu'il m'avait~~ promis; il prétendit même qu'il était venu plusieurs fois chez moi; et le jeune secrétaire, qui du reste paraît avoir beaucoup d'esprit, confirmait tout cela avec une effronterie comme je n'en ai pas encore vû. Cependant je fus obligé de le confier à tout hasard à un sous-officier avec 6 hommes, j'allai desuite à la grande garde et de là chez le bourgmestre."

47.

"Avant d'aller plus loin je dois encore ~~informer~~ dire à votre excellence d'un événement sur quoi étaient fondées toutes les grimaces de Voltaire. Lorsque le 1 Juin, j'entrepris avec lui la première opération, il me promit, sub juramento, que, jusqu'à l'arrivée des ordres de S. M. et de tous les ballots, il resterait consigné dans son hôtel, attendu que les papiers écrits de la main du roi que nous avions trouvés étaient fort rares tandisque dans l'ordre émané de S. M. il était question de lettres nombreuses et d'écritures. Comme j'étais resté ainsi depuis 9 heures du matin jusqu'à 5 heures du soir sans rien prendre, j'étais très fatigué, à moitié malade et fort peiné, je crus réel tout ce qui n'était chez lui que contorsiones et tartufferies. Je le regardais enfin comme

avec un italien ~~son secrétaire occupait son voiture des plus miserable~~ — un honnête homme; j'attachais peu d'importance à l'engagement qu'il m'avait signé, et je croyais à sa
parole d'autant plus que j'avais deux témoins avec moi.
Notre examen étant terminé, comme je voulais me retirer
après lui avoir fait entendre quelques paroles de consolation,
il me demanda de lui faire encor une grâce, c'était de déclarer
par un mot d'écrit, et pro formâ, que sitôt l'arrivée du
ballot et des livres en question, il pourrait partir où bon lui
semblerait; son intention étant disait-il d'envoyer ce
billet à sa nièce (son héritière) qui se trouvait à Strasbourg
et qui, si elle apprenait ~~après~~ arrivait, en mourrait certainement ou en ferait au moins une grave maladie. Je fus
assez bon pour lui donner ce billet; et quand je le lui rede-
mandai, lors de sa dernière arrestation, ce fût après toutes
sortes de faux fuyants et de mensonges pour me faire
croire qu'il était perdu, qu'il fût obligé bon gré malgré de
48. me le restituer; je le joins ici Sub A. J'avais écrit ce billet
pour le gagner par la douceur et pour ne pas en venir
à une arrestation publique; je ne pensais pas d'ailleurs que
ce ballot pût arriver de Bamberg avant la résolution de
S. M. Le ballot, contre mon attente, arriva dès le 18. Voltaire
en eut connaissance aussitôt et il m'envoya plusieurs fois dans
la même heure son secrétaire qui m'importunait jusqu'à ce que
j'ouvrisse le ballot. Je l'engageai à prendre patience jusqu'au
lundi jour où arrivent les lettres de Berlin. Vers onze
heures je reçus votre lettre du 11 ᵉ et j'adressai en conséquence
au Sⁱ de Voltaire le billet ci-joint Sub B pour l'adoucir
et le faire attendre jusqu'au jeudi. Le billet ne le satisfit
pas et il sortit le même jour; il en fit autant dans la matinée
du mardi et mon agent me rapporta qu'il avait fait
porter sa grande caisse dans le logement du duc de.

Meiningen. J'ignorais ces démarches et je lui fis savoir que je prendrais d'autres mesures; il s'importa alors et, comme un homme sans honneur, il s'autorisait du billet dont je vous ai parlé plus haut que je lui avais remis pro formâ, il le transporta auprès du conseiller Schmid auquel il fit la même déclaration. Comme il voulait que je fisse l'ouverture des ballot que j'avais chez moi, et que je le lui remisse à l'exception du livre, alorsque je ne savais pas si le livre était dans le ballot; il vint chez moi accompagné avec son secrétaire et le conseiller Schmid à qui il avait fait préalablement promettre que je ne l'arrêterais pas; il s'excusa de m'avoir envoyé son secrétaire et d'être sorti; il demanda que le ballot fût ouvert et que j'en retirasse seulement ses Œuvres; il fit encore le malade alors, mais mieux que le Malade de Molière, et avec de telles grimaces que le conseiller Schmid arriva à être d'avis que je devais ouvrir le ballot. Quant à moi je voulais le garder chez moi jusqu'au jeudi jour de l'arrivée des ordres du roi. Jusque là Voltaire n'avait pas aperçu mon secrétaire, mais quand il le vit dans l'antichambre avec son habit vert, je pus remarquer qu'il le prit pour un archer; il fit alors volte face, reconnaissant, ainsique son secrétaire, que le billet n'avait été donné que pro forma, qu'il fallait attribuer tout cela à la faiblesse où il se trouvait et qui l'empêchait de savoir ce qu'il faisait; il promit sous serment, en levant la main, qu'il continuerait à garder les arrêts jusqu'à jeudi, dans la maison convenue; après quoi nous l'y limes reconduire." &

« Le nouveau serment il l'a violé mercredi, comme nous l'avons déjà dit; et se prévalant du billet qui lui avait été donné pro forma, il a pris la fuite."

« Je me suis adressé alors de nouveau au bourgmestre

qui commença d'abord par faire beaucoup de difficultés
tant parque'il n'avait aucun ordre du roi que, parque
le Sr de Voltaire est au service du roi de France. Cependant
ma présence et la réquisition que je joins ici sous C,
mais qui ne fut expédiée et signée de nous deux que le
lendemain; firent que l'arrestation de Voltaire obtînt
l'agrément du bourgmestre, malgré les intrigues de
Voltaire, et que son extradition eut lieu après avoir donné
les reversales d'usage; l'ordre provisoire du bourgmestre
a été confirmé in pleno, le jeudi matin, par un arrêt
du conseil qui me fut remis par un greffier de la ville
avec l'assurance d'une inaltérable et très respectueuse soumission à S. M. R."

"Je n'en finirais pas si je voulais raconter à V. E. toutes
les menées de Sr de Voltaire lors de son arrestation. Je vous dirai
seulement que, lorsque j'arrivai à la porte de la ville où
Voltaire était retenu par l'ordre du bourgmestre, j'appris du
sous-officier qu'il avait déchiré des écrits; je lui offris de
le recevoir chez moi et de continuer jusqu'au lendemain
cet état d'arrestation privée. En prenant place dans
ma voiture de parade à six glaces, avec laquelle j'ai
toujours couru à droite et à gauche, il me dit, en me remettant
une petite cassette, qu'il me livrait là tout ce qu'il avait;
(mon domestique pouvait à peine soulever cette cassette;)
quand nous fûmes sur le point de partir, il déclara qu'il
aimait mieux être dans une maison d'arrêt que chez moi;
je fis alors partir la voiture accompagnée de quelques hommes.
Pour moi je traversai la ville dans une voiture quasi découverte
~~comme un prisonnier~~, car il y avait
une foule énorme. Son hôte de l'Hôtel du Lion n'en voulait
plus chez lui à cause de son incroyable avarice; je le déposai
donc chez le conseiller Schmid, parque je ne voulais rien

faire ultérieurement dans les bons avis et conseils en ce qui touchait l'arrestation. Mr Schmid, aussitôt son arrivée dans la ville, s'était rendu auprès du Bourgmestre afin de le tenir dans sa bonne volonté et lui donner caution ratione de la réquisition royale; il y trouva la nièce de Voltaire que je prenais moi pour tout autre chose, car une lettre lui était arrivée hier portant sur l'adresse Mme de Voltaire; comme cette méchante femme parcourait la ville cherchant à induire en erreur Messieurs les Conseillers, le bourgmestre la fit mettre aux arrêts ainsi que le secrétaire, et, poursuivi du Sr de Voltaire, attendu qu'il voulait encore s'échapper de la maison de M. Schmid, on le fit conduire à l'hôtel appelé aux cornes de bœuf; l'on donna une sentinelle à chaque prisonnier, mais nous avons réduit ce nombre à deux d'après les instructions contenues dans votre dernière lettre."

« Vous trouverez sub D une pièce que Voltaire a fait imprimer le second jour de sa détention et il a encore d'autres choses sous presse. Il cherche à nous discréditer complètement et il est fort irrité contre vous au sujet des lettres de recommandation. En attendant nous avons le plus grand besoin d'une réquisition formelle du Roi où il devrait être quelque peu rappelé à l'ordre; nous l'annonçons dans notre pro memoria sub C; et nous faudrait aussi des reversales et un ordre par lequel on lui accorderait la faveur d'être relâché, ordre que nous pourrions montrer et dans lequel on approuverait notre conduite dans toute cette affaire.

« Si V.E. ne voulait pas faire passer cette lettre par les mains d   elle pourrait m'envoyer une carta bianca avec la signature de S.M. et qui porterait en titre: « Réquisition adressée aux fonctionnaires municipaux de Francfort au sujet de M. de Voltaire »; nous la remplirions ici conformément à vos ordres.

« Si ce Voltaire eût attendu un jour de plus, nous aurions
pû le laisser partir, mais maintenant il nous faut
attendre très respectueusement les réquisitions royales et les
ordres ultérieurs. »

« Nous envoyons par la diligence la clef de chambellan,
la croix et le livre. »

« Nous sommes avec le plus profond respect, etc »

La requête adressée au bourgmestre de Pichard par
Freytag et Schmids, qui se trouve dans les pièces est écrite par
Freytag, et est ainsi conçue :

                    « Pro Memoriâ ».

« Les (nous) conseillers de S. M. le Roi de Prusse soussignés
ayant, par une dépêche royale datée de Postdam le 11 avril
et une autre du 22 ejusdem, reçu en ordre qu'il (nous) nous
avons exhibé originaliter, suivant qu'il (nous) avait été enjoint, au
moyen de MM. les bourgmestres et qui consistait à reprendre
par voie amiable des mains du S.r de Voltaire son ordre pour
le mérite et sa clef de chambellan, ainsique toutes les lettres
et papiers écrits de la main du roi entr'autres un livre
intitulé : Œuvres de poésie, et, dans le cas où ce moyen ne
réussirait pas, à le mettre aux arrêts et à l'arrêter s'il y avait
opposition. »

« Nous avons trouvé chez le S.r de Voltaire, pour l'exécution du dit ordre, consentement et opposition : mais nous sommes
enfin convenus, que les quelques lettres qui avaient été
trouvées seraient envoyées à la cour, que l'on attendrait
les ordres ultérieurs de S. M., que les ballots qui pourraient
encore renfermer quelques unes des lettres qui manquaient et
surtout le livre Œuvres de poésies seraient adressés ici et que le
S.r de Voltaire garderait jusqu'à ce moment les arrêts volon-
taires dans sa chambre. »

« Comme le S.r de Voltaire manquant à sa parole

n'a pas lieu et engagement ce qui au contraire il s'est enfui. et que, par suite des sages précautions qui avaient été prises, il a été arrêté ad interim à la porte de la barrière de Bocken- heimer; alors les ~~sous~~ conseillers soussignés ont fait diligence pour, au moyen de la réquisition qu'il était hâte de prendre le doyen de MM. les bourgmestres arrêter réellement le S.' de Voltaire qui avait pris la fuite et le tenir sous bonne garde dans l'Hôtel de la Corne de Bouc jusqu'à l'arrivée d'ordres ultérieurs de S. M. qui parviendront demain proba- blement?

„Dans une conjoncture aussi imprévue; alors qu'il s'agit de papiers royaux qui souvent ont une importance extrême et alorsque l'on accorderait à un privato la faculté d'arrestation, l'on est sûr d'un acquiescement favorable; mais en cette affaire les deux soussignés mettent en avant leur quantième salis tant pour les frais faits que pour tout aqués pourra résulter occasione de cette arrestation comme garantie réelle par la présente et en vertu d'icelle, de sorte qu'ils produiront les réquisitions royales et les ~~requêtières~~ reversales respectives même s'il en est besoin.'

„Francfort; 20 Juin 1753.'

Jettons maintenant un regard en arrière et écoutons le récit de Collini qui ne manque pas de sincérité, à son point de vue! „Arrivés à la porte de la ville, qui conduit à Mayence — dit-il — on arrête le carrosse et l'on court ins- truire le résident de notre tentative d'évasion. En attendant qu'il arrivât, Voltaire expédie son domestique à M.'' Denis.'

On voit par ce passage combien Voltaire fût
~~sous~~ prudent et ~~peu~~ adroit lorsqu'il
fût surpris dans sa fuite; on y apprend aussi qu'il se hâta
de déchirer beaucoup de papiers et qu'il confia à Collini pour le
cacher le manuscrit de la Pucelle pour lequel il craignait
beaucoup et qu'il n'aurait pas pû remplacer. Collini continue;
„ Freytag paraît bientôt dans une voiture escortée par des soldats

et nous y fait monter en accompagnant cet ordre d'imprécations
et d'injures. Oubliant qu'il représente le roi son maître, il
monte avec nous, et comme un exempt de police, nous conduit
ainsi à travers la ville et au milieu de la populace attroupée.
On nous conduit de la sorte chez un marchand, nommé Schmid,
qui avait le titre de conseiller du roi de Prusse et était le
Supplétif de Freytag; sa porte est barricadée et des factionnaires
apostés pour contenir le peuple assemblé. Nous sommes conduits
dans un comptoir; des commis, des valets et des servantes
nous entourent; madame Schmid passe devant Voltaire
d'un air dédaigneux et vient écouter le récit de Freytag qui
raconte de l'air d'un malaisé, comment il ne parvient à
faire cette importante capture, et vante avec emphase son
adresse et son courage. On voit ici l'influence du talent d'expo-
sition de l'auteur; il s'agit, avant tout, de faire un tableau
amusant et de peindre les acteurs, sinon d'une manière
fidèle, au moins d'une manière vivante; Après quelques observations sur la position et sur de Voltaire et sur les personnes
au milieu desquelles se trouvait le poëte de la Henriade
et de Mérope, l'ami de Frédéric le grand, l'idole de Paris,
Collini continue: "On s'empare de nos effets et de la cassette,
on nous fait remettre tout l'argent que nous avions dans
nos poches, on enlève à Voltaire sa montre; sa tabatière et
quelques bijoux qu'il portait sur lui; il demande une
reconnaissance, on la refuse. "Comptez cet argent; dit Schmid
à ses commis, ce sont des drôles capables de soutenir qu'il y
en avait une fois autant." Je demande de quel droit l'on
m'arrête et j'insiste fortement pour qu'il soit dressé un procès-
verbal. Je suis menacé d'être jeté dans un corps de garde,
Voltaire réclame sa tabatière, parce qu'il ne peut se passer

§4. de tabac; on lui répond que l'usage est de s'emparer de tout."
Puis viennent quelques traits qui nous peignent Voltaire

tout aussi récalcitrant, ~~tout aussi bouffon~~ et encore plus
bouffon que ~~on~~ l'a fait Freytag et sous des couleurs plus
chargées que ~~n~~ l'a fait Freytag : « Ses yeux étincelaient de fureur
et se levaient de temps en temps vers les miens comme pour
les interroger. Tout-à-coup, appercevant une porte entr'ouverte
il s'y précipite et sort. Madame Schmid compose une
escouade de courtauds de boutiques et de trois servantes,
se met à leur tête et court après le fugitif. « Ne puis-je
donc s'écriait-il, pourvoir aux besoins de la nature ? »
On le lui permet ; on se range en cercle autour de lui,
on le ramène après cette opération. » Collini rapporte
encore cette circonstance : « Tandisqu'il était dans le cour
de Schmid, occupé à satisfaire aux besoins de la nature,
on vint m'appeler et me dire d'aller le secourir. Je sors,
je le trouve dans un coin de la cour, entouré de personnes qui
l'observaient, de crainte qu'il ne prit la fuite ; et je le vois courbé, se
mettant les doigts dans la bouche et faisant des efforts pour vomir.
Je m'écrie, effrayé, vous trouvez-vous donc mal ? Il me regarde des
larmes soolaient de ses yeux ; il me dit à voix basse : fingo.....
fingo.... (je fais semblant). Ces mots me rassurèrent ; je fis
semblant de croire qu'il n'était pas bien et je lui donnai le bras
pour rentrer dans le comptoir. » Puis plus loin : « En rentrant
dans le comptoir, Schmid, qui se croit offensé personnellement,
lui crie : « Monsieur Malheureux ! vous serez traité sans pitié
et sans ménagement. ; et la valetaille recommence ses crial-
leries. Voltaire hors de lui, s'élance un second fois dans la
cour ; on le ramène une second fois. » Il faut s'étonner de
l'agilité et de la prestesse d'un vieillard presque sexagénaire,
malade, amaigri dont l'âme avait reçu depuis plusieurs
jours, les commotions les plus violentes ; et, en voyant les
plaisanteries et les ruses que l'on vient de raconter, ~~reportés~~
~~aux~~ on pourrait engager Collini à répéter : « le poète de la Henriade et de Mérope,

l'ami de Frédéric le grand, l'idole de Paris." !

§§. Mais écoutons encore Collini : « Cette scène avait altéré le résident et toute sa séquelle : Schmid fit apporter du vin et l'on se mit à trinquer à la santé de son excellence monseigneur Freytag. Sur ces entrefaites arriva un nommé Dorn, espèce de fanfaron que l'on avait envoyé sur une charrette à notre poursuite. Apprenant aux portes de la ville que Voltaire venait d'être arrêté, il rebrousse chemin, arrive au comptoir et s'écrie : « Si je l'avais attrapé en route, je lui aurais brûlé la cervelle ! » On verra bientôt qu'il craignait plus pour la sienne qu'il n'était redoutable pour celles des autres." On peut juger combien il est difficile de constater la réalité de propos semblables comme tenus dans l'ardeur du moment, au milieu de plusieurs personnes ne parlant pas très la même langue, quand on voit Voltaire dire que c'est Schmid qu'il a entendu proférer ces mêmes paroles. « Après deux heures d'attente, continue Collini, il fut question d'emmener les prisonniers. Les portefeuilles et la cassette furent jetés dans une malle vide qui fut fermée avec un cadenas, et scellée d'un papier cacheté des armes de Voltaire et du chiffre de Schmid. Dorn fut chargé de nous conduire. Il nous fit entrer dans une mauvaise gargotte à l'enseigne du Bouc, où douze soldats, commandés par un bas officier nous attendaient. Là Voltaire fut enfermé dans une chambre avec trois soldats portant la bayonnette au bout du fusil ; je fus séparé de lui et gardé de même." Il semble d'après ce récit même que cette apposition des scellés fut une mesure de précaution et de régularité convenable que l'on exécuta comme il avait été fait pour l'argent. Freytag nous a dit pourquoi ce ne fut plus à l'Hôtel du Lion mais à celui de la Corne de bouc que l'on mena Voltaire : quant au nombre des soldats le zèle du nourriteur l'a augmenté.

Nous arrivons maintenant à l'arrestation de Mme Denis. Voici ce qu'en dit Collini : « Mme Denis n'avait point abandonné son oncle. A peine avait-elle appris que Voltaire venait d'être arrêté qu'elle se hâta de porter ses réclamations au bourguemaître. Celui-ci, homme faible et borné, avait été séduit par Schmid. Non seulement il refusa d'être juste et d'écouter Mme Denis, mais encore il lui ordonna de garder les arrêts dans son auberge. Ceci explique pourquoi Voltaire fût privé des secours de sa nièce pendant la scène scandaleuse du comptoir. » Après quelques digressions il continue : « le redoutable Dorn, après nous avoir déposés à l'auberge du Bouc, se transporta avec des soldats à celle du Lion d'Or, où Mme Denis gardait les arrêts par ordre du bourguemaître. Il laissa son escouade dans l'escalier et se présenta à cette dame, en lui disant que son oncle la voulait voir, et qu'il venait pour la conduire auprès de lui. Ignorant ce qui venait de se passer chez Schmid, elle s'empressa de sortir. Dorn lui donna le bras ; à peine fut-elle sortie de l'auberge que les trois soldats l'entourèrent et la conduisirent, non pas auprès de son oncle, mais à l'auberge du Bouc, où on la logea dans un galetas meublé d'un petit lit, n'ayant, pour me servir des expressions de Voltaire, que des soldats pour femme de chambre, et leurs bayonnettes pour rideaux. Dorn eût l'insolence de se faire apporter à souper, et sans s'inquiéter des convulsions horribles dans lesquelles une pareille aventure avait jeté Mme Denis, il se mit à manger et à vider bouteille sur bouteille. » Le lecteur connaît déjà par le rapport de Freytag les circonstances véritables qui sont ici visiblement altérées ; ce fait tel qu'il est rapporté par Freytag, à savoir que Dorn est resté auprès de Mme Denis sur la demande de cette dame et qu'elle lui a donné pour cela un louis d'or pour sa

complaisance se comprend si bien que personne ne préférera
l'autre version, "Pour me servir des expressions de Voltaire" comme
le dit Collini lui-même et non sans dessein. « Cependant
Freytag et Schmid, dit-il plus loin, firent des réflexions : ils
s'aperçurent que des irrégularités monstrueuses pouvaient
rendre cette affaire très mauvaise pour eux. Une lettre arrivée
de Potsdam indiquait clairement que le roi de Prusse
ignorait les vexations commises en son nom. Le lendemain
de cette scène on vint annoncer à Mme Denis et à moi que
nous avions la liberté de nous promener dans la maison,
mais non d'en sortir. L'œuvrez de poëshie fut remis et les
billets que Voltaire et Freytag s'étaient faits furent échangés."

Avant d'aller plus loin, il nous faut intercaler quelques
pièces qui se rattachent à cette partie du récit et qui aideront
à éclaircir la filiation des faits. La lettre de Fredersdorff à
Freytag qui arriva le lendemain du jour où la fut déjouée
la fuite de Voltaire, était datée de Potsdam le 16 Juin, la voici !

     « M. le Conseiller,

« S. M. après son heureux retour de Prusse a daigné approuver
les mesures, que d'après les ordres, vous avez prises à l'égard du
Sr de Voltaire. Mais afin de ne pas l'arrêter plus longtemps
dans son voyage à Plombières, où il a l'intention d'aller, S. M.
a daigné l'autoriser à continuer ce voyage, après toutefois
qu'il vous aura donné l'engagement formel qu'il enverra
dans un bref délai, lequel devra être fixé, fidèlement, en
originalité, le livre appartenant à S. M., sans en prendre,
ni laisser prendre copie, engagement d'honneur, avec la
clause qu'en cas contraire il gardera, de lui-même, les arrêts
en quelque pays qu'il puisse se trouver."

« Veuillez en conséquence lui proposer cet engagement
et quand il s'aura rédigé et signé le laisser partir en
usant de formes courtoises. Vous me donnerez par le

prochain courrier des nouvelles de ce qui aura été fait.

"J'ai l'honneur d'être avec un parfaite considération

"Monsieur,

"votre très humble serviteur

"Potsdam, 16 Juin 1753.   Fredersdorff"

58.   "P.S. Il faudra que M. de Voltaire écrive de sa propre main
la formule d'engagement que vous lui proposerez, qu'il la
signe et y appose son cachet.

"P.S. Vous voudrez bien adresser au Roi, tout cela tel que
cela vous aura été remis, mais sous mon couvert."

Les premières exigences du roi s'amoindrissent beaucoup
comme on voit; Voltaire ne doit pas être retenu plus longtemps;
on lui donne la faculté de continuer son voyage à Plombières;
au lieu de la remise effective du livre, on se contentera d'une
promesse expresse! Mais, tandisque, sur ces entrefaites, le
livre était déjà renvoyé, les choses avaient été plus loin que
le roi ne le demandait pour le moment. Il n'y aurait
donc eu nul reproche à faire aux agens du roi s'ils
avaient aussitôt mis Voltaire en liberté, et y crois que des
hommes qui auraient eu quelque indépendance d'esprit
et quelque peu de ~~circonspection~~ prudence l'auraient fait. Nous
voyons dans le Rapport de Freytag et de Schmid pourquoi
ils furent d'une ~~chose~~ opinion contraire, ~~avis~~ opinion que l'on peut comprendre chez des fonctionnaires subordonnés. Mais ils s'étaient
trompés en croyant que la fuite au milieu de laquelle
ils avaient arrêté Voltaire, avait donné à toute l'affaire
une autre tournure; cela était bien vrai pour ce qui les concer-
nait, mais nullement pour ce qui regardait le roi. Cette
tentative d'évasion n'avait plus pour lui ni conséquence,
ni importance ~~qu~~ dès qu'il avait terminé cette affaire d'une
autre manière et il n'y avait nullement lieu à prêter
au roi la pensée de vouloir chercher à se venger de cette

tentative qui devait bien le faire rire. Les scènes de sévérité
durent lui être fort désagréables, mais surtout l'arrestation
de Mme Denis et de Collini chose à laquelle il n'aurait
jamais pu songer. Le roi expia le malheur d'avoir
employé pour faire exécuter ses ordres des fonctionnaires
subalternes et qui déployèrent un zèle peu éclairé. Et cependant
on peut jusqu'à un certain point, excuser ces fonctionnaires
par la difficulté de leur position; ils flottaient dans une
incertitude et des soucis continuels; aux ruses et aux tours
de Voltaire ils ne s'étaient opposés que de piètres mesures officielles;
pour eux, sa fuite fût un crime énorme dont ils mesuraient
la portée d'après la peine et les embarras qui en résultèrent
pour eux; et comme, par malheur, ils avaient mis les
magistrats de Francfort dans cette affaire, ils crurent qu'il
ne leur était plus possible de reculer. Ce fut là une grande
cause de tourments pour eux et tandisque la discussion
avec Voltaire ne se décidait pas et que des deux côtés la colère
et l'aigreur ne faisaient que croître, ils attendaient dans
une anxiété pénible des décisions dont ils ne présentaient
pas grand chose de bon.

Les efforts du corps et de l'âme loin d'épuiser Voltaire ne
firent que lui donner une nouvelle activité et le soir de cette
journée orageuse, il s'assit sur une chaise et écrivit la lettre
suivante à la margrave de Bareuth, la soeur bien aimée
du roi de Prusse, pour lui demander son intercession auprès
de son frère.

« Madame !

« Que la compassion de Votre altesse royale s'émeuve, et que
votre bonté nous protège; Mad. Denis ma nièce qui avait fait
le voyage de Francfort pour venir me consoler; qui comptait
venir se jeter à vos pieds avec moi pour implorer votre
médiation; une femme respectée et honorée dans Paris,

vient d'être conduite en prison par le commis de M. Freytag, résident de Sa Majesté le roi votre frère. Cet homme vient de la Guyane au nom du roi au milieu de la populace dans la même maison où l'on m'a fait transférer, on lui a ôté sa femme de chambre et ses laquais, quatre soldats sont à sa porte, le commis passe la nuit dans sa chambre — en voit la raison."

"Lorsque M. Freytag m'arrêta au nom du roi le premier juin, je lui remis toutes les lettres que j'avais pris conserver de Sa Majesté. Il me demanda le volume des poésies du roi; il était dans une caisse qui devait partir de Leipzig pour Hambourg. Monsieur Freytag me signa deux billets conçus en ces termes."

"Sitôt le grand ballot sera revenu et l'œuvre de poé-
"sies que le roi redemande rendu à moi, vous pourrez
"partir où bon vous semblera."

"Le livre en question arriva le 17 au soir, j'ai voulu partir aujourd'hui 20, ayant satisfait à tous mes engagements. On a arrêté mon secrétaire, ma nièce et moi. Nous avons douze soldats aux portes de nos chambres. Ma nièce à l'heure que j'écris est dans les convulsions. Nous sommes persuadés que le roi n'approuvera pas cette horrible violence.

"Daignez, Madame, lui envoyer cette lettre. Daignez l'assurer qu'au milieu d'un malheur si inouï je mourrai plein de la même vénération et de même attachement pour sa personne. Je lui demande encore très humblement pardon de mes fautes. J'avais toujours pensé qu'il daignerait permettre que je tâchasse de me défendre contre Mau- pertuis. Mais si cela lui déplaît il n'en sera plus jamais question. Encore une fois, Madame, jamais mon cœur n'a manqué, ni ne manquera au roi. Et il sera toujours

rempli pour Votre Altesse Royale du respect le plus profond
et le plus tendre."

"Hélas c'était autrefois frère Voltaire."

"A Francfort, 20 Juin, à dix heures du soir."

Voltaire n'avait pas pû prendre sur lui d'écrire au roi, aqué
aurait été le plus court et le plus efficace, mais Mme Denis
dut adresser à Frédéric une lettre de plaintes dans laquelle
le mélange de flatterie et de finesse et un certain agrément à parler de circonstances contraires à la vérité font
reconnaître la plume de Voltaire. Cette lettre se trouve aussi
dans l'édition Beuchot, mais avec des additions qui ne se.
trouvent pas dans l'original,[1] l'on n'y voit pas après le
nom de Mme Denis l'énumération de ses titres personnels
qui à vrai dire était chose tout à fait inutile pour le roi et
à peine convenable. Elle est ainsi conçue.

"Sire!

"Je ne devais pas m'attendre à implorer pour moi; même
la justice et la gloire de Votre Majesté. Je suis enlevé de mon
auberge au nom de Votre Majesté, conduit à pied par le
commis du Sieur Freytag, votre résident, au milieu de la populace,
et enfermé, avec quatre soldats à la porte de ma chambre; on me
refuse jusqu'à ma femme de chambre, et mon laquais, et le commis
passe toute la nuit dans ma chambre.[2]

---

[1] La version donnée par M. Beuchot est évidemment une copie.
Tout en reproduisant le texte donné par M. Varnhagen von Ense
nous avons cru devoir donner les additions par lui indiquées,
elles se trouvent entre crochets [ ]. M. Beuchot fait précéder cette
lettre de la note suivante: "La copie de cette lettre que j'ai eu sous
les yeux, contient deux notes de Voltaire que je donnerai. Cette
copie probablement était jointe à la lettre du 14 Juillet n°1992.

[2] N.B. Le commis nommé Dorn, notaire de S. M. I., a osé

„Voici le prétexte, Sire, de cette violence inouïe, qui excitera sans doute la pitié et l'indignation de Votre Majesté aussi bien que celle de toute l'Europe. Le Sieur Freytag ayant demandé à mon oncle le 1 Juin le livre imprimé des poésies de Votre Majesté, dont elle avait daigné le gratifier, le constitua prisonnier jusqu'au jour où le livre serait rendu, et lui fit deux billets [en votre nom] conçus en ces termes:"

„Monsieur, sitôt le gros ballot que vous dites d'être à „Leipsick ou à Hambourg sera ici, qui contient l'œuvre de poésies „que le roi demande, vous pourrez partir où bon vous semblera."

„Mon oncle, sur cette assurance de votre ministre, fit revenir la caisse avec la plus grande diligence à l'adresse même du Sieur Freytag, et le livre en question lui fut rendu le 17 [Juin] au soir."

„Mon oncle a crû avec raison être en droit de partir le 20, laissant à votre ministre la caisse, et d'autres effets [considérables] que je comptais reprendre [de droit] le 21; et c'est le 20 que nous sommes arrêtés de la manière la plus violente. On me traite, moi, qui ne suis ici que pour soulager mon oncle mourant, comme une femme coupable des plus grands crimes; on met douze soldats à nos portes."

„Aujourd'hui 21 le Sieur Freytag vient de nous signifier que notre environnement doit nous coûter 122 écus et quarante [42] creutzers par jour, et il apporte à mon oncle un écrit à signer, par lequel mon oncle doit se taire sur tout ce qui est arrivé, ce sont ses propres mots; et avouer que les billets du ~~insulter cette dame respectable pendant la nuit~~ Sieur Freytag n'étaient que des billets de consolation et d'amitié qui ne tiraient point à conséquence."

„Il nous fait espérer qu'il nous ôtera notre garde. Voilà l'état où nous en sommes ~~en sommes le 24 Juin le 24 Juin~~ le 26 Juin

---

insulter cette dame respectable pendant la nuit;

« à deux heures après midi. »[1]

« Je n'ai pas la force d'en dire davantage. Il me suffit d'avoir instruit Votre Majesté. »

« Je suis avec le plus profond respect, Sire, de Votre Majesté la très humble et très obéissante servante. »

« à Francfort, ce 21 au matin   Denis, [Veuve du Sieur Denis, Gentilhomme, ci-devant Capitaine au régiment de Champagne, Commissaire des guerres, et maître des Comptes de S. M. le roi de France.]. »

Avant tout il vous faut relever ici la mauvaise foi de Mme Denis qui accuse le Secrétaire Dorn de n'avoir pas voulu quitter sa chambre de toute la nuit, ce qu'il n'a fait qu'à la demande et ce dont elle le remercia; puis l'erreur qui n'est pas faite sans dessein et qui présente la note totale des frais comme étant celle des frais de chaque jour, ce que Voltaire lui-même a soutenu plus tard avec ténacité, bien qu'il soit hors de doute que ces frais comprennent tous ceux qui ont été occasionnés par l'emprisonnement de Voltaire et dont le total, même après y avoir ajouté le compte de Schmid, n'atteignit pas le chiffre de Thalers donné par Voltaire, puisqu'il ne monta qu'à 190 florins 11 Kreutzers.

Après les plaintes insultantes, après la résistance opiniâtre dont il avait fait preuve jusque là; après les grossièretés, les affronts qu'il prétendait avoir eu à supporter, il est étrange de voir Voltaire adresser soudain des prières pleines de politesse aux hommes qu'il regarde comme coupables de tout ce qui est arrivé! Nous avons cependant les originaux sous les yeux et nous donnons ici deux de ses lettres pour montrer combien cet homme irritable

---

[1] Note. Son Excellence doit être instruite de cette horreur arrivée à Francfort. Elle est très humblement remerciée de garder le secret à celui qui a déjà eu l'honneur de lui écrire deux lettres. Peut-être un jour cette personne pourra remercier Son Excellence de vive voix.

et colère savait se maîtriser et se contrefaire quand il croyait
bon de le faire. Dès le 21 Juin, au matin, il écrivait à Freytag
ces mots qui n'ont d'autre but que d'éveiller la compassion :

63.

« Je vous conjure, Monsieur, d'avoir pitié d'une femme qui a
fait deux cents lieues pour essuyer de si horribles malheurs. »

« Nous sommes ici très mal à notre aise, sans domestiques,
sans secours, entourés de soldats. Nous vous conjurons de vouloir
bien adoucir notre sort, vous avez eu la bonté de nous promettre
de nous ôter cette nombreuse garde. Souffrez que nous retournions
au Lion d'Or, sous notre serment de n'en partir que quand
Sa Majesté le roi de Prusse le permettra. Il y a là un petit
jardin nécessaire pour ma santé où je prenais les eaux de
Schwalbach. Tous nos meubles y sont encore, nous payons
à la fois deux hôtelleries, nous espérons que vous daignerez entrer
dans ces considérations. Au reste, Monsieur, j'avais toujours
cru que tout serait fini quand le volume de Sa Majesté serait
revenu, et je le croyais avec d'autant plus de raison que Mr.
Rücker avait proposé de me faire laisser caution pour
sûreté du retour de la caisse. Voilà ce que j'avais eu l'honneur
de vous dire hier. Enfin, Monsieur, je vous prie d'excuser les
fausses terreurs qu'on m'avait données. Soyez bien persuadé
que ni ma nièce ni monsieur Collini ni moi nous ne sorti-
rons que quand il plaira à Sa Majesté. Nous n'avons ici aucun
secours, même pour écrire une lettre. Pardonnez, je vous en
prie, et ne nous accablez pas. »

« Madame Denis a vomi toute la nuit, elle se meurt. Nous
vous demandons la vie. »

Et le même jour encore il écrivait à Freytag et à Schmid :
« A Mr. le baron de Freytag, ministre de Sa Majesté Prussienne.
« M. Schmid son conseiller.
Messieurs !
« J'ai exécuté les ordres que vous m'avez donnés de la

part du roi votre maître."

64.　"Vous nous laissez encore deux soldats. Nous vous supplions
ma nièce et moi de nous en délivrer. Ayez pitié de ma maladie qui demande que je reprenne l'air. Je promets encore sous serment
que si je retrouve jamais quelques lettres de Sa Majesté, je les
renverrai à Sa Majesté elle même. Et jamais je ne manquerai
à la vénération que je lui dois."

"Je vous supplie, messieurs, de m'accorder ma très humble
requête.

"Fait à Francfort, 21 Juin　　　　　　　Voltaire."

Quelques jours après un domestique de Freytag, chargé d'une
commission _auprès de Voltaire_, ayant été renvoyé avec accompagnement de gros mots
par Voltaire et Mme Denis, Freytag en témoigna son mécontentement,
ceux-ci craignirent que cela n'eut quelque suite et payèrent alors
de belles paroles, Voltaire écrivit:

"J'apprends, monsieur, que vous êtes en colère contre moi,
sur ce que votre laquais vous a rapporté. Je vous supplie de
considérer que je n'entends point l'allemand, que je lui ai dit
dans les termes qu'on m'a fournis que Madame Denis était
dans des convulsions qui me font craindre pour sa vie. Je vous
conjure, monsieur, de représenter à Sa Majesté notre état déplorable
et notre soumission. J'ai fait tout ce que vous m'avez prescrit,
que voulez-vous de plus? Vous êtes trop honnête homme pour
ne pas adoucir le sort d'une femme respectable et infortunée.
Nous comptons sur un peu de pitié, et nous sommes prêts à
tout faire pour le mériter, &c. V."

Madame Denis chercha à adoucir l'ennemi par le billet
qui suit:

"Je suis désespérée, monsieur, de ce que vous me faites dire
par le petit garçon. Au nom de Dieu, n'inventez pas une
affaire lorsque mon oncle est prêt de faire tout ce que vous
voudrez. Songez qu'il est attaché au roi plus que jamais.

« Si le mémoire vous déplait, mon oncle en fera un autre,
et se soumet à tout ce qu'on veut ; que lui demandez-vous.
J'implore votre justice et votre bonté, et je suis très malade. »

Voltaire ajouta encore sur le revers du billet :

« Ma nièce est au lit mourante, au nom de Dieu ayez
pitié de nous, et surtout d'une femme respectable et désespérée. »

Non content de tout cela et voulant agir sur le roi lui-même,
Voltaire écrivit le 23 Juin à Freytag la lettre circonstanciée
qui suit. Nous en avons une copie sous les yeux ; la première
et les huit dernières lignes sont de la main de Voltaire.

« Copie de ma lettre à M. Freytag :

à Francfort, 23 Juin.

« Je ne conçois pas, Monsieur, votre colère dans notre malheur ; je ne puis peut avoir rien dit de désagréable à votre
laquais ; puisque je ne sais pas l'allemand. Je lui ai dit
dans les termes qu'on m'a fournis, que ma nièce était ce
matin dans des convulsions mortelles, et que le docteur Müller
était avec elle. Vous aurez sans doute compassion de la nièce
d'un gentilhomme, officier d'un grand roi, qui fait deux
cents lieues pour conduire son oncle aux eaux, et qui se
voit traîné à pied en prison, au milieu de la populace,
à qui on refuse sa femme de chambre, et auprès de laquelle
on fait rester votre commis pendant la nuit, avec quatre
soldats à sa porte ; et que vous retenez encore prisonnière, sans
qu'elle ait fait autre chose que d'implorer pour moi la
miséricorde du roi, et de répandre devant vous et devant
M. Schmid des larmes inutiles. »

« Je vous réitère, Monsieur, que j'ai obéi avec le plus profonde
soumission aux ordres du roi que vous m'avez donné de bouche.
J'ai fait revenir le 17 la caisse où était le livre de poésies du
roi, que Sa Majesté redemande. J'ai juré que je n'avais pas
transcrit une seule page de ce livre, j'ai rendu toutes les

lettres que j'avais de Sa Majesté; je me suis soumis à lui rendre
66. toutes celles, dont il m'a honoré pendant quinze ans
et qu'on pourra retrouver à Paris; je vous ai signé le 1 Juin que je ne
sortirai pas, jusqu'au retour de la caisse, et du livre de roi. La
caisse et le livre sont revenus le 17, j'avais crû sur vos promesses par
écrit, être en droit de partir le 20, d'autant plus que je vous laissais
ma caisse, et tous mes effets. Je me flatte que le roi écoutera sa clémence
en ma faveur, et qu'il aura surtout pitié de l'état horrible où ma
nièce est réduite; et dont il ne sait pas la moitié. Il sait seulement
que ma nièce n'est et ne peut pas être coupable de rien. Je
connais la bonté du cœur du roi, je lui ai demandé pardon
des fautes que j'ai pû commettre en soutenant avec trop de vivacité
une querelle littéraire. Je lui serai toujours attaché. Je ne
dirai jamais assurément un seul mot qui puisse lui déplaire.
J'attendrai ses ordres avec résignation. Je ne suis inquiet à
présent que pour la vie d'une femme respectable, qui mérite
l'estime et la compassion de l'Europe. J'assure encore une fois
le roi de ma résignation respectueuse, de mon obéissance à ses
ordres. Il peut compter que n'étant plus à lui, je me regarderai
le reste de ma vie comme un homme qui lui a appartenu,
que je ne lui manquerai jamais. Je vous supplie de vous joindre
à moi pour implorer sa clémence, et de lui envoyer cette lettre."

    Cette lettre montre assez qu'elle est arrangée pour le roi;
aussi ne croit-il pas de reproduire, en face de Freytag, les
anciennes assertions qu'il avait déjà fait circuler par
d'autres voies, alors qu'il savait parfaitement que Freytag les
tenait pour mensongères. Même dans des choses purement
littéraires Voltaire a donné plus d'une preuve de son opi-
niâtreté à soutenir un fait supposé, enfant de son caprice,
mais qu'il s'était plû à donner un beau jour comme un
fait réel.

    Le 25 Juin Freytag reçut un ordre de cabinet, signé

par le roi, mais écrit de la main de Fredersdorff, sans date, et qui portait :

67. « S. M. R. fait savoir à M. le B⁰ⁿ de Freytag son ministre résident, en réponse à son rapport relatif à l'arrestation de Voltaire, qu'aussitôt le remise par ce dernier de l'engagement qui lui a été demandé, il pourra se mettre en route et qu'il n'existera plus de motif pour le retenir. Mon intention est que vous m'envoyiez par le premier courrier ce que M. de Voltaire a rendu »

Votre bien affectionné,
« Ordre au B⁰ⁿ de Freytag   Frde.
de laisser partir le S.ʳ de Voltaire »

Quoique ceci fût la confirmation d'un ordre antérieur et non une décision prise après le Rapport qui l'avait suivi, Freytag croyait ~~devoir retarder~~ la mise en liberté. Mais chaque jour amenait de nouvelles inquiétudes et de nouveaux soucis. Voltaire tenta des manœuvres de toutes sortes, son activité était extraordinaire. Dans son inquiétude Freytag écrit à Schmid le 26 juin :

« Hier pendant tout l'après diner Voltaire s'est trouvé entouré d'étrangers parmi lesquels des cavaliers du duc de Meiningen, des orfèvres, des imprimeurs, des libraires, de sorte que je n'ai pas pû arriver jusqu'à lui comme il avait été convenu. Cependant, c'est aujourd'hui que doit partir le rapport au roi et qu'il faut prendre une résolution définitive, à savoir, si nous attendrons celle du Roi sur notre dernier rapport, ou bien si nous devons demander au magistrat de l'élargir. Mais si nous tardons ~~à faire~~ les réquisitions que nous avons promises, il est à craindre que le magistrat ne veuille s'en tenir à ces réquisitions; la chose est épineuse et je vous prie de me donner votre opinion positive. »

Schmid répondit d'une manière catégorique :

« Il en fait déjà plus qu'il n'a droit de faire. A vrai-
dire, cette affluence de monde ne devrait pas être autorisée car
chacun souffle le feu, qui nous causera des désagréments. »

68. « Comme presque tout ce bruit de Voltaire est arrivé
par la manière inconvenante dont il s'est conduit, alorsque nous
n'avions pas d'instruction de S. M., le magistrat voudra
s'en tenir aux réquisitions et cela me fait regarder comme
chose très nécessaire de le retenir ici. Nous pourrions, sans
préjuger la question, retirer les sentinelles et exiger de lui en
revanche, un engagement écrit qu'il ne s'écartera pas de sa
chambre. »

Mais Voltaire eut encore recours aux voies détournées
par une lettre qu'il adresse le 26 Juin au puissant patron
que l'on soupçonne être le Comte de Stadion. Il y répète les
fausses assertions qui lui sont familières; il arrange les choses à
sa manière et se répand en calomnies inutiles pour la
plupart. Voici cette lettre:

« La même personne qui a eu l'honneur d'écrire de
Francfort à Son Excellence, et d'implorer la protection de
Leurs Majestés Impériales, supplie très humblement Son Excellence de continuer à lui garder le secret; Si Leurs Majestés
impériales ne sont pas dans le cas d'accorder leur protection
dans cette affaire, elles seront du moins indignées de ce qui
vient de se passer dans Francfort. Un notaire, nommé Dorn,
commis du Sieur Freytag, résident de Prusse, enlève une dame
de condition, qui vient à Francfort auprès de son oncle
malade. Il la conduit à travers le populace, à pied,
dans une auberge, lui ôte ses domestiques, met des soldats à
sa porte; passe la nuit seul dans la chambre de cette
dame mourante d'effroi. On supprime ici par respect pour
Sa Majesté Impériale la reine, les excès atroces où le nommé
Dorn, commis de Freytag, et cependant notaire impérial

a provoqué son insolence.

« Son Excellence peut aisément s'instruire de ce que c'est que Freytag, aujourd'hui résident de Prusse. Il est connu à Vienne et à Dresde ayant été châtié dans ces deux villes. »

« La personne qui a pris la liberté de s'adresser à Son Excellence, avait bien raison de prévoir les extrémités les plus violentes. Elle est bien loin de vouloir compromettre personne, elle ne demande que la continuation du secret.

« On doit trouver étrange que tant d'horreurs arrivent dans Francfort, uniquement au sujet de livre de poésies françaises de Sa Majesté Prussienne. Sa Majesté prussienne est trop juste, trop généreuse, pour avoir ordonné ces violences au sujet de ses poésies qu'on lui a rendues. Personne ne peut imputer de pareilles horreurs envers une dame à un si grand roi.

« On se borne à remercier Son Excellence du secret, et à l'assurer du plus profond respect. »

« à Francfort, 26 Juin. »

Nous trouvons ici indiqué ce qui plus tard sera dit ouvertement; que le malheureux Dorn, lors de la nuit qu'il passa près de Mme Denis, sur sa demande, avait cherché à lui faire violence. Il est impossible de croire à l'ombre de la vérité dans cette allégation d'un fait hors de toute probabilité par la manière dont les choses se sont passées et dans l'accomplissement desquelles l'employé prussien apporta autant de gravité que d'appréhension; cela n'était pas non plus dans le caractère que ses adversaires sont d'accord à reconnaître à Dorn qui avait femme et enfant. Nous croyons que Voltaire a inventé ce trait là, ainsi que d'autres, pour avoir un grief de plus à reprocher à ses adversaires, et le vieillard a pu s'amuser, à part lui, de la perplexité de sa nièce que cette dénonciation ne pouvait qui naturellement garder le silence

~~bourgeoise~~ ~~président.~~

Cependant Freytag avait fait remettre à Voltaire l'engagement qu'il devait envoyer et qu'il avait alors l'intention d'écrire,
mais quand le greffier Differbach qui était envoyé par
le bourgmestre se fit annoncer, Voltaire voulut d'abord lui
parler et après l'entretien qu'il eut avec lui, il avait changé
d'idée; c'était avec le magistrat seul qu'il voulait terminer
cette affaire, comme s'il se fût trouvé son prisonnier, Freytag
fit au roi à la date du 26 Juin le rapport qui suit sur
ce nouvel état des choses qui lui était fort désagréable.

70.

« Comme nous étions dans la plus grande irrésolution
si nous devions oui ou non relâcher le S.r de Voltaire;
comme aussi un officier public pro re natá peut bien
arrêter un particulier, mais qu'il ne peut le mettre en
liberté sans avoir pris les ordres de ses Supérieurs, surtout
quand il s'échappe en violant la parole et la foi par lui
données; ~~et ~~ conduite qui annonce ~~qui annonce~~
que l'on veut commettre ou que l'on a commis une mauvaise
action, quand ces deux cas ne se présentent pas réunis; quoique
~~~~ il n'y a ~~~~ de plus grand crime envers son Souverain
que d'enfreindre les arrêts qu'il vous a-t-il ordonné de garder,
~~~~ attendu cependant que l'ordre émané de la
main de Votre Majesté « qui nous est arrivé hier, bien que
ne portant pas de date, nous dit positivement de laisser
partir le S.r de Voltaire; nous lui avons intimé aujourd'hui
de ..... donner un engagement sur les 4 points suivants:

1. de renvoyer immédiat.t à V. M. tous les écrits de
S. M. qu'il pourrait retrouver.

2. de ne prendre aucune copie même par pièces du
livre Œuvres de poésies.

3. de se soumettre de lui même aux arrêts dans
quelque pays qu'il se trouve, s'il lui arrivait d'enfreindre le

présent engagement.

4. De déclarer qu'il paiera, comme de juste, tous les frais occasionnés par ses récits et sa fuite.

« Le Secrétaire Dorn alla lui soumettre ces 4 articles sur les 10 heures et il s'tenait en pro cincla à en faire l'expédition. Mais à ce moment le greffier du bourgmestre entra et Voltaire congédia Dorn en lui disant qu'il pourrait revenir dans une demi heure. A son retour sa réponse fut que le Bourgmestre avait envoyé chez lui, que le Bourgmestre voulait maintenant terminer lui-même l'affaire. Sans qu'on lui en parlât davantage. Les choses étant ainsi nous ne pouvons pas mettre le Sr de Voltaire en liberté. Nous devons attendre la comédie qu'il va jouer avec le Bourgmestre et que nous saurons bien déjouer Si elle a lieu et il nous faut attendre également pour savoir si V. M. daigne lui pardonner sa tentative de fuite. Pendant ce temps les cavaliers du duc de Meiningen sont toute la journée auprès de lui et ne font que l'exciter; il est aussi entouré des meilleurs orfèvres, les imprimeurs et les libraires ne font qu'aller et venir attendu qu'il publie deux pièces par semaine. J'en joins ici quelques unes. Suivant ce que je viens d'apprendre il a loué un logement pour 6 mois et ne pense à rien moins qu'à aller à Plombières. »

« Nous avons adressé à V. M. par le courrier d'hier, sous le couvert de M. le Chambellan de Fredersdorff et bien empaqueté, la clef de chambellan, la décoration, et le livre que nous avons mis sous cachet, en présence de Voltaire, sitôt après les avoir reçus et nous les avons fait apposer son cachet. »

Voyons maintenant comment Collini rapporte ce qui s'était passé. Il dit en continuant son récit : Freytag fit transporter à la gargotte, où nous étions logés, la malle qui contenait les papiers, l'argent et les bijoux. Avant d'en faire l'ouverture, il donna à signer à Voltaire un billet par lequel

celui-ci s'obligeait à payer les frais de capture et d'emprisonnement. Une clause de ce singulier écrit était que les deux parties
ne parleraient jamais de ce qui venait de se passer. Les frais
avaient été fixés à cent vingt huit écus d'Allemagne. J'étais
occupé à faire un double de l'acte lorsque Schmid arriva. Il
but le premier, et prévoyant sans doute, par la facilité avec
laquelle Voltaire avait consenti à le signer, l'usage terrible
qu'il en pourrait faire quelque jour, il déchira le brouillon
et la copie en disant : Ces précautions sont inutiles entre gens
comme nous."

Nous avons bien sur la véracité de ces allégations quelques
doutes qu'il ne serait pas facile de lever, mais nous ne pouvons
considérer que comme des mensonges et des calomnies ce qu'il
dit plus loin se faisant l'écho de son seigneur et maître :
« Freytag et Schmid partèrent avec cent vingt huit écus d'Allemagne. Voltaire visita la malle dont on s'était emparé la veille
sans remplir aucunes formalités. Il reconnut que ces messieurs
l'avaient ouverte, et s'était approprié une partie de son argent.
Il se plaignit hautement de cette escroquerie; mais messieurs
les représentants du roi de Prusse avaient à Francfort une
réputation si bien établie, qu'il fut impossible d'obtenir aucune
restitution." Collini lui même qui nous dit ici « sans remplir
aucune formalité » nous a dit le contraire plus haut; « il
reconnut » n'est ni assez précis, ni assez fort, pourquoi ne
dit-il pas que l'on trouva la serrure forcée, les cachets enlevés ?
Le mot d'escroquerie appliqué à l'enlèvement de l'argent n'est
pas le mot propre, mais il est suffisant comme insinuation
odieuse. La chose appelée par son nom aurait fait hésiter
les gens crédules et l'on se serait demandé comment une
action aussi criminelle n'aurait pas été déférée à la justice.
« Cependant, dit il plus loin, nous étions encore détenus dans la
plus détestable gargote de l'Allemagne, et nous ne concevions

par pourquoi on nous retenait puisque tout était fini. Le lendemain, Dorn parut et dit qu'il fallait présenter une supplique à Son Excellence monseigneur de Freytag et l'adresser en même temps à M. de Schmid &c "Je suis persuadé qu'ils feront tout ce que vous désirez, ajouta-t-il; croyez-moi, M. Freytag est un gracieux Seigneur." Madame Denis n'en voulut rien faire. Le misérable faisait l'officieux pour qu'on lui donnât quelque argent. Un louis le rendit le plus humble des hommes, et l'excès de ses remerciements nous prouve qu'en d'autres occasions il ne vendait pas fort cher ses services." Et l'on prétend qu'un homme aussi humble et aussi malheureux ~~misère~~ se serait rendu coupable de la tentative nocturne sur Mme Denis? Et deplus, après une conduite pareille, on lui aurait fait un présent? Tout ceci ne peut se concilier, le mensonge est évident! Plus loin Collini raconte la visite du greffier: « Le Secrétaire de la ville vint nous visiter. Après avoir pris des informations, il s'aperçoit que le bourguemaitre avait été trompé. Il fit donner à Madame Denis et à moi la liberté de sortir; Voltaire eut la maison pour prison jusqu'à ce qu'on eût reçu de Potsdam des ordres positifs. Mais craignant de garder longtemps les arrêts s'il s'en reposait sur ces messieurs, il écrivit une lettre à l'abbé de Prades, lecteur de Frédéric."

On ne connaît pas cette lettre à l'abbé de Prades. Mais en voici une écrite en faveur de Voltaire et que, à son instigation le margrave de Bareuith adressa au roi; la spirituelle princesse mandait à son frère à la date du 29 Juin:

« Mon très cher frère,

« Je compte ce jour parmi les heureux puisque j'ai la satisfaction de vous assurer des sentiments de mon cœur. J'ai fait un petit tour aux les eaux, mes crampes et ~~mai~~

maur ayant rompu celle que j'avais faite avec eux. Ma
cure me paraîtrait insupportable me privant du souvent du
plaisir de vous écrire, si je n'espérais qu'en la continuant elle
me mise en état de jouir encore une fois du seul bonheur
après lequel je soupire, qui est de me retrouver auprès de ce que
j'ai de plus cher au monde. Vous verrez, mon très cher frère,
une vieille squelette qui ne vit que pour vous, dont vous êtes
le mobile, et qui peut-être ne serait plus si vous ne preniez
soin de l'animer par l'amitié que vous lui témoignez. Je
bénirai les eaux si elles contribuent à vous garantir,
mon très cher frère, des mauvaises attaques que vous avez
eues l'hiver passé. Il me semble que je renais lorsque j'apprends de bonnes nouvelles de votre santé. Nos principautés
sont encore ici. Tandis qu'on tâche de les amuser, je suis
enfermée dans mon antre comme la Sibylle, et tâche d'y.
goûter des plaisirs dont ma misérable santé me permet
encore de jouir."

« Je viens de recevoir tout un paquet de Nottaire et de
M. Denis, que je prends la liberté de vous envoyer. Je suis
fâché qu'ils s'adressent à moi; mais de crainte d'être
compromis dans cette mauvaise affaire, je vous envoie,
mon très cher frère, ce que je reçois de leur part. La lettre
de M. Denis montre de la conduite et de l'esprit, il paraît
qu'elle n'est pas instruite des raisons qui vous ont porté à
faire arrêter son oncle. S'il avait suivi ses conseils il aurait
agi plus sagement. Je le considère comme le plus indigne
et misérable des hommes s'il a manqué de respect envers
vous dans ses écrits ou dans ses paroles, une telle conduite
ne peut que lui attirer le mépris des honnêtes gens. Un
homme vif et bilieux comme lui, entasse sottise sur sottise
lorsqu'il a une fois commencé à en faire. Son âge, ses infir-
mités et sa réputation qui est flétrie par cette catastrophe

m'inspirent cependant quelque compassion pour lui. Un homme réduit au désespoir est capable de tout. Vous trouverez peut-être, mon très cher frère, que j'ai encore trop de support pour lui en faveur de son esprit, mais vous ne désapprouverez pas que j'aie pour lui la pitié qu'on doit même aux coupables dès qu'ils sont malheureux et lors même qu'on est obligé à les punir. Son sort est pareil à celui du Tasse, et de Milton. Ils finirent leurs jours dans l'obscurité; il pourrait bien finir de même. Si l'effort que font les poètes à composer les poèmes épiques leur fait tourner la tête nous pourrions bien être privé de ce genre de poésie à l'avenir, puisqu'il semble qu'il porte guignon à ceux qui s'y appliquent. Je vous demande mille pardons, mon très cher frère du griffonage de cette lettre, ma tête toujours restée et vraiment femelle en ce point m'empêche et la transcrire. Je suis avec toute la tendresse et le respect imaginable, mon très cher frère,

      votre très humble

       et obéissante sœur et servante

« Le 29 de Juin 1753.   Wilhelmine »

    Cependant les lettres et les représentations de ce genre commençaient depuis longtemps à n'être plus nécessaires. Le roi dès le 19 Juin avait fait une réponse à la première lettre de Mme Denis et l'abbé de Prades l'avait adressé à Freytag avec ces mots : « Le roi m'a ordonné, Monsieur, de vous adresser une lettre pour Madame Denis, nièce de Monsieur de Voltaire, afin que vous la lui fassiez remettre si elle est à Francfort, ou que vous la lui fassiez tenir où elle sera. Je suis charmé en m'acquittant de mon devoir de trouver une occasion où je puisse vous témoigner la considération avec laquelle...

    J'ai l'honneur d'être,

       Monsieur,

    votre très humble et très obéissant serviteur,

        l'abbé de Prades »

Au sujet de la seconde lettre de M.ᵐᵉ Denis, le roi avait fait
écrire et adresser à Freytag le 26 Juin l'ordre de cabinet
qui suit : „ J'ai reçu une lettre de la nièce de Voltaire que je
n'ai pas trop comprise, elle se plaint que vous l'avez fait
enlever à son auberge et conduire à pied avec des soldats
qui l'escortaient. Je ne vous avais rien ordonné de tout cela ;
il ne faut jamais faire plus de bruit qu'une chose ne le
mérite. Je voulais que Voltaire vous remît la clef, la croix
et le volume de poésies que je lui avais confiés ; dès que tout
cela vous a été remis je ne vois pas de raison qui ait pu vous
engager à faire ce coup d'état d'éclat. Rendez leur
donc la liberté dès ma lettre reçue. Je veux que cette
affaire en reste là, qu'ils puissent aller où ils voudront, et
que je n'en entende plus parler. Sur ce je prie Dieu qu'il
vous ait en Sa Sainte garde."

„ A ma maison de Sans souci a 26 Juin 1753.   Frederic."
Et le 2 Juillet Fredersdorff avait répondu dans le même
sens au dernier rapport de Freytag et de Schmid : „ S. M.
vous fait savoir, en réponse à votre lettre de 26 du mois
passé, qu'elle a décidé, que puisque le S.ʳ de Voltaire a
rendu les objets qui étaient en sa possession, vous devez
sans le moindre retard congédier les sentinelles placées
76. au près du S.ʳ de Voltaire et de sa nièce, les laisser partir, ne
pas lui faire la moindre question sur son échappade.

J'ai l'honneur d'être, avec une parfaite considération
       Messieurs,
          votre très humble serviteur
„ Potsdam le 2 Juillet 1753.   Fredersdorff „

La lettre du roi à M.ᵐᵉ Denis, du 19 Juin, avait éprouvé
un retard extraordinaire et ce ne fut que par une lettre
postérieure, du 30 Juin, que le roi lui avait fait écrire,
qu'elle apprit qu'une réponse, d'une date antérieure, avait

été adressé pour elle à Freytag. Mᵐᵉ Denis redemanda
aussitôt cette lettre par le billet suivant :

« Madame Denis prie M. de Freytag de vouloir bien
lui envoyer la lettre qu'il a reçue pour elle de la part du
roi son maître.

« Sa Majesté Prussienne vient de faire écrire à Mad. Denis,
en date du 30 Juin, que cette lettre qu'elle demande doit
être parvenue à M. de Freytag il y a quelques jours ; elle ne
doute pas, que M. de Freytag ne lui remette cette lettre
selon les intentions de Sa Majesté.

« Mad. Denis et M. de Voltaire font leurs compliments
à M. de Freytag.

« Le 5 Juillet. »

Si, d'après tout ce qui s'était passé, la forme polie de ce billet
doit étonner, que dire de la fin d'un autre billet que Voltaire
adressa le même jour à Freytag et où il lui dit : « Au reste si
M. de Freytag a la bonté de venir aujourd'hui, il est supplié
de vouloir avoir bien la bonté d'apporter les papiers cachetés
qu'on lui a remis en dépôt. On lui fait beaucoup de compliments
sur son esprit de conciliation, sur sa justice et sur la bonté
de son cœur. »

Le témoignage, qui ne pouvait plus être attribué à la
crainte, et ne pouvait avoir de ~~but~~ but n'étant qu'une trompeuse
flagornerie, fait un étrange contraste avec les incriminations
insultantes qu'il avait lancées quelques jours auparavant
et qu'il répéta encore plus tard. L'irritable vivacité du remuant
vieillard change de manière de voir et de dire suivant les
changeantes impressions de moment, et toujours il les
manifeste en paroles surabondantes ce qui fait qu'elles n'ont
ne peuvent avoir grande valeur en bien comme en mal.

Dans le rapport qui suit, Freytag ~~épanche~~ dans le sein de Fredersdorff
tout le chagrin que lui causent ces malheureuses querelles

ainsi que la douleur de l'improbation que le roi semble exprimer,
nous y voyons aussi combien Voltaire avait inutilement dépensé
de belles paroles et comment il continuait à mener cette affaire.
Ce que Freytag dit pour sa justification n'est pas sans quelque
valeur, à son point de vue. Son rapport est ainsi conçu :

« Nous ne voulons point laisser notre plume raconter ce que,
malades tous deux, comme nous l'étions, nous avons eu à supporter
de chagrins, de dépenses, de douleurs morales de la part du
S.ʳ de Voltaire avec ses inventions et sa conduite aussi injurieuse
envers Dieu qu'envers S. M. R., et il vaut mieux oublier que
rappeler tout ce qu'il a dit contre moi, contre le conseiller Schmid
et même contre la personne sacrée de S. M. Nous n'avons pas reçu
de réponse à nos deux derniers rapports, adressés, l'un à V. E. à
la date de 23 Juin, l'autre à S. M. le 26 du même mois ; il
nous est parvenu sur ces entrefaites un ordre de roi, qui, à
notre grand chagrin, paraît n'pas approuver du tout la
conduite que nous avons tenue dans cette affaire, alorsque
nous avons fait preuve de zèle le plus dévoué et de tous les
ménagements possibles, et que nous avons suivi ponctuelle-
ment les ordres que nous avions reçus. Dans la première
dépêche royale de 11 avril il était question de lettres nombreuses, d'écrits, et tout ce qui a été trouvé ne formait
qu'un paquet assez léger ; dans la deuxième, du 29 avril
il était ordonné que le S.ʳ de Voltaire ferait retenir tous les bagages du S.ʳ de
Voltaire, et qu'on ne pas les laisser partir pas avant d'avoir acquis la
preuve que ce petit paquet comprenait toutes les nombreuses
lettres du roi et ses écrits ; quant à la clef de chambellan
et à la décoration, nous n'y avons pas apporté autant
d'attention qu'aux lettres qui souvent ont un prix inappréci-
able, et comme il s'agissait ici de lettres écrites de la propre
main du roi, c'est pour cette raison que nous ne voulions pas
ouvrir le ballot venant de Leipzig pour ignorer si le livre

s'y trouvait ou non. Et pour que le Sr de Voltaire gardât plus tranquillement les arrêts ainsi qu'il s'y était engagé, je n'ai pas parlé du retour des ballots de Hambourg et de Paris. Si S. M. n'avait pas été en Prusse à ce moment, sa réponse serait parvenue avant l'arrivée du ballot de Leipzig de telle sorte qu'il n'aurait pas pu abuser du billet que je lui avais donné pro formâ (deux témoins peuvent attester qu'il ne lui a été donné que pro formâ) et s'en servir pour justifier sa fuite; mais, s'il n'avait pas fait un tel usage de mon billet, il aurait inventé quelque autre chose, car il a une telle frayeur d'une réponse royale venant de Berlin, que l'on ne peut croire qu'une chose, c'est qu'il a commis quelque énormité ou bien qu'il en médite une; il prit donc la fuite secrètement, violant sa parole et son serment après avoir tâché quelques jours auparavant, mais inutilement, de se retirer dans la métairie franche des Chevaliers de Malte et après avoir fait partir sa grande malle et ses effets les meilleurs. Alors V. E. nous informa, à la date de 11 Juin, de ne point faire attention à l'impatience du Sr de Voltaire, mais de continuer à agir conformément aux ordres que nous avions reçus, jusqu'à l'arrivée de S. M. R. qui était prochaine. Comment donc pouvions nous alors le mettre en liberté? Qui est-ce qui a fait un coup d'éclat? Nous ne l'aurions pas laissé partir quand il aurait dû nous en coûter la vie; et pour ce qui est de moi, si au lieu de le joindre à une barrière, et qu'il se fut refusé à retourner, j'avais rencontré en rase campagne et qu'il se fût refusé à retourner je ne sais si je ne lui aurais pas brûlé la cervelle; tant j'avais à cœur les lettres et les écrits du roi."

"Mais les derniers ordres de S. M. nous enjoignant expressément de le mettre en liberté, sitôt leur réception, nous nous sommes empressés de renvoyer les deux sentinelles et nous lui avons fait remettre les deux paquets qu'il avait déposés entre mes mains, en lui faisant savoir que nous irions tous deux le trouver pour régler le reste. Sur ces entrefaites il a mis tout en mouvement auprès de magistrat pour faire renvoyer les sentinelles, se plaignant de nous deux et remettant un mémoire contre l'un de nous, quant à Mme Denis, elle a eu l'impudence de soutenir que mon secrétaire était resté toute une nuit dans sa chambre, alors même qu'il avait prié ~~pour~~ qu'elle qu'il en fût ainsi, lui donnant même, avant cette nuit, un louis d'or en cadeau — et mille autres choses de ce genre. Il Assisté d'un soi-disant cavalier du prince de Méiningen et d'un conseiller de la ville nommé Senckenberg — un misérable qui entretient toutes les affaires prussiennes, un homme qui n'a pas ici son pareil pour la méchanceté et l'immoralité; et, ajouterai-je, pourque l'on puisse l'apprécier, contre lequel il existe un écrit imprimé, resté sans réponse jusqu'à présent que je joins ici et dans lequel il est convaincu, d'après son aveu, d'avoir fait un faux Procès-verbal dans une affaire criminelle — assisté de ce Seckenberg ils ont excité le magistrat de Francfort qui venait à ce moment de recevoir ~~une lettre~~ ~~~~ du roi une notification sévère dont ils ne demandaient pas mieux que de prendre revanche, et l'ont engagé à faire parvenir le mémoire que Voltaire a rédigé contre ~~moi~~ nous, puisque, disait-il, les ennemis qu'il avait auprès du roi empêchaient ses plaintes d'arriver jusqu'à lui. Ce mémoire à ce que j'apprends ne sera pas écouté. Toutefois nous avons sujet de craindre que S. M. R. se sentira blessée de la hardiesse de ce magistrat et qu'elle daignera nous entendre."

"Au moment où nous allions nous rendre auprès de lui, le Bourgmestre nous fit informer que Voltaire venait de lui envoyer un nouveau mémoire et demandait que l'on fermât

arbre nous une commission et deplus qu'un membre de la
municipalité fut présent à sa déclaration de démission;
le premier point a été rejetté par le magistrat lui-même et
qui nous demanda quelles étaient nos intentions quant au
second. Bientôt après Voltaire m'envoya le billet que je joins
ici et nous nous fîmes annoncer chez lui, parce que déjà plusieurs
fois il était allé avec sa Mme Denis dans l'Hôtel de Lion qui
est vis-à-vis; c'est au sujet de cette course de 30 pas à peine, que
Mme Denis se plaint au Roi d'avoir été conduite à pied; mais Voltaire
~~nous~~ On nous répondit qu'il était indisposé et qu'il ne pouvait pas
nous parler. Après des manques de politesse aussi manifestes,
nous priâmes le Bourguemestre de lui envoyer tiper et de lui
faire dire qu'il pouvait faire retirer la petite somme d'argent qui
lui appartenait et qui avait été déposé chez M. Schmid,
en déduisant les frais qui avaient été faits pour lui et qui se
montaient à 190 fl. 11 kr. D'après l'ordre de S. M. nous
enverrons le détail de ces frais."

"Nous avons encore à dire deux mots des inventions de
Mme Denis ce dont elle importune S. M. On peut voir, par le
Pro Memoria que nous avons envoyé, que nous ne voulions
arrêter que le Sr de Voltaire; mais que quand le conseiller
Schmid et moi nous rencontrâmes la dite dame qui se plai-
gnait au Bourguemestre et qui était in procinctu à courir chez
tous les conseillers, j'ai demandé alors qu'elle fut arrêtée
pour qu'elle ne vint pas gâter nos affaires. Mais le lendemain
dès que l'ordre d'arrestation rendu par le Bourguemestre eut été
approuvé en plein Sénat, on l'a relâché aussitôt et elle
fut reconduite auprès de son oncle par le secrétaire, de nuit
et sans escorte, ainsi qu'elle l'avait demandé. Les frais
journaliers montent à 122 kr. ainsi qu'il a été dit déjà; le
tout ne s'élève qu'à 190 fl.; enfin la lettre est un tissu de
mensonges."

« S. M. par ses derniers ordres ayant déclaré qu'elle ne vous voulait pas qu'on lui parlât de cette affaire, nous avons pris donc la liberté de porter aussi promptement que possible tous ces faits à la connaissance de V. E., pourque à l'occasion, elle voulut bien nous défendre contre toutes ces calomnies. Nous vous prions surtout, pour ce qui est des réquisitions que nous avons promises au magistrat de lui adresser, de faire en sorte qu'il annonce déclare qu'à l'avenir il n'interviendra plus avec nous dans cette affaire. »

« Nous joignons ici un article de la Gazette de Bâle que sans aucun doute Voltaire y a fait insérer car il est de toute fausseté qu'il m'ait dit rien de ce qui s'y trouve rapporté, et s'il a été écrit dans le canton de Bâle il s'en suivrait qu'il a été envoyé par un nommé James de Larouar. »

« Nous avons l'honneur d'être

« avec le plus profond respect »

Dès le lendemain 7 Juillet, Freytag adressait un nouveau rapport à Fredersdorff, où il lui rend compte des dernières circonstances de toute cette affaire :

« Nous espérons bien que le Rapport circonstancié que nous vous avons adressé hier vous sera parvenu et qu'il en sera fait bon usage. »

« Comme le Sr de Voltaire se refusait à reprendre lui-même son argent et qu'il avait envoyé un notaire pour le recevoir, nous avons donné à notre secrétaire Dorn l'ordre de le lui porter et de le lui remettre contre quittance, mais Voltaire, au lieu de recevoir cet argent, vint avec un pistolet qu'il arma, 82. menaçant de tirer sur Dorn; le secrétaire de Voltaire se jetta sur lui en s'écriant : « Mais, mon dieu, Monsieur ! » et il le fit entrer dans une autre pièce. Dorn a aussitôt rendu compte au magistrat de cette menace d'assassinat, le priant de vouloir bien prendre des mesures en conséquence. Enfin cet homme, qui fait un usage si exécrable de son esprit et de sa capacité, nous causera encore de bien grands ennuis."

"D'après la tournure que prennent les choses pour exécuter les ordres du Roi on risque sa réputation, sa fortune et sa vie! S. M. dans son premier ordre de cabinet disait que Voltaire était un intriguant, nous ne le voyons que trop par nous mêmes maintenant. Dans le même dépêche le roi disait aussi qu'il fallait l'arrêter sans cérémonie; si nous l'avions fait; quand les ballots n'étaient pas en nos mains, nous aurions été évité tous ces embarras; mais l'on a voulu procéder graduellement, suivant les ordres que l'on avait bien voulu donner et notre devoir et dévouement très humble est de tout supporter pour le service de roi. Mais nous espérons bien que l'on daignera quelque jour se souvenir de la peine que nous avons eu pour obtenir la remise de cette décoration et cette clef de chambellan, et que l'on voudra nous récompenser."

"Nous avons l'honneur, de

"P.S. Au moment de fermer cette lettre le bourgmestre nous informe que Voltaire est parti; a-t-il eu peur de sa menace d'assassinat ou de quelque lettre venant de Berlin, c'est ce que nous ne savons pas. Le magistrat allait commencer l'enquête. En attendant Voltaire a laissé au conseiller Schmid le peu d'argent que j'avais à lui et que ~~pourrait servir à, donnera au boulanger de~~ satisfaction ~~pour le~~ secrétaire Dorn; on ne parle dans la ville, avec mille commentaires, que de ses procédés sauvages envers Dorn, dont la femme et l'enfant ont été frappés de frayeur au point d'en être malades maintenant."

La dernière phrase de ce rapport où il est dit que le peu d'argent abandonné par Voltaire pourrait être une satisfaction pour le conseiller Dorn est certes d'une inconvenance choquante; mais nous devons dire que cette

83.

phrase n'est pas de la main de Freytag, qu'elle est écrite
par Dorn et que cette proposition intéressée n'a pas été ap-
prouvée et qu'elle n'a pas eu de suite.

D'autre part voici comment Collini raconte les choses:
« Le lendemain 6 nous rentrâmes à l'auberge du Lion d'Or.
Voltaire fit aussitôt venir un notaire, devant lequel il protesta
solennellement de toutes les vexations et injustices commises
à son égard. Je fis aussi ma protestation, et nous préparâmes
notre départ pour le lendemain. Peu s'en fallut qu'un
moment de vivacité de Voltaire ne nous retînt encore à Francfort
et ne nous replongeât dans de nouveaux malheurs. Le matin,
avant de partir, je chargeai deux pistolets que nous avions
ordinairement dans la voiture. En ce moment, Dorn passa
doucement dans le corridor et dans la chambre, dont la
porte était ouverte. Voltaire l'apperçoit dans l'attitude d'un
homme qui espionne. Le souvenir du passé alluma sa colère;
il se saisit d'un pistolet et se précipite vers Dorn. Je n'eus que
le temps de m'écrier et de l'arrêter. Le brave, effrayé, prit
la fuite et peu s'en fallut qu'il ne se précipitât du haut en bas
de l'escalier. Il courut chez un commissaire qui se mit
aussitôt en devoir de verbaliser. Le secrétaire de la ville,
le seul homme qui, dans toute l'affaire, se montra impar-
tial, arrangea tout, et le même jour nous quittâmes
Francfort. Mme Denis y resta encore un jour pour quelques
arrangements, et partit ensuite pour Paris. »

Voltaire lui-même, raconte comme il suit, dans son
Journal de ce qui s'est passé à Francfort, son aventure
avec Dorn: « le 7 au matin, le nommé Dorn se revient
chez la dame Denis et le Sieur de Voltaire, feignant de
rapporter une partie de l'argent que le Sieur Schmid avait
volé dans les poches du Sieur de Voltaire et du Sieur Collini;
puis il va au conseil de la ville faire rapport, qu'il a vu

84. papier le Sieur de Voltaire avec un pistolet, et prends ce
prétexte, pourque Schmid et lui gardent l'argent. Deux
notaires jurés, qui étaient présents, ont beau déposer sous serment que ce pistolet n'avait ni poudre, ni plomb, ni pierre,
qu'on le portait pour le faire raccommoder ; en vain trois
témoins déposent la même chose. Le Sieur de Voltaire est
obligé de sortir de Francfort avec sa nièce et le Sieur Collini,
tous trois volés et accablés de frais, obligés d'emprunter de
l'argent pour continuer leur route. On a volé au Sieur
de Voltaire papiers, bagues, un sac de carolins, un sac de
louis d'or, et jusqu'à une paire de ciseaux d'or et de boucles
de souliers."

La vérité n'a pas de peine à se faire jour à travers les contradictions de ces deux narrateurs. Voltaire, malgré sa grande fortune,
poussait souvent l'avarice et l'amour du gain à un point
incroyable, mais il ne regardait pas à la dépense Somme
quand il avait en vue un but noble ou qui le séduisait.
Cette fois il se refusa à la reprise d'argent et d'objets qui
ne pouvaient jamais avoir autant de valeur dans sa main
que s'ils demeuraient dans des mains étrangères ; cela lui
donnant le droit bien précieux de s'écrier, avec une apparence
de vérité, qu'il avait été volé, dévalisé, et c'est un plaisir
qu'il ne se refusa point de répéter avec les plaintes les plus
amères pendant le reste de sa vie.

Freytag reçut encore du roi, par forme de supplément,
un ordre de cabinet daté du 9 Juillet qui renouvelle les
ordres donnés antérieurement, et qui semble avoir été dicté par
le roi à l'abbé de Prades par suite de la lettre que ce dernier
avait reçu de Voltaire :

"J'ai [1] reçu une lettre de Voltaire qui me parle encore de sa
liberté. Vous devez avoir reçu les ordres que je vous ai donnés
de le laisser aller où bon lui semblera, ainsi que sa nièce.

[1] Cette lettre est en français. O.B.

Je n'avais d'autre prétention Sur lui que de le dépouiller de la croix, de la clef de chambellan et de retirer le livre que je lui avais confié. Vous m'avez écrit qu'il avait Satisfait à tout ce que je demandais de lui. Ne différez donc point de mettre fin à tout cela, parceque sans doute, que S'il était pas Survenu quelque incident nouveau, vous m'en auriez averti. Sur ce je prie Dieu, etc. "

"à Potzdam, ce 9 Juillet 1753.   Fréderic "

Neanmoins Fredersdorff écrivit le 14 Juillet à Freytag pour le tranquilliser et le consoler des Scènes violentes qu'il avait eu à Supporter, et des Soucis qu'il avait éprouvés ainsi que de l'accablement où l'avait plongé le mécontentement du Roi:

"J'ai reçu en leur temps votre lettre du 6 hujus avec Ses annexes et celle de M. le Conseiller Schmid du 29 pass.; mais le mauvais état de ma Santé ne m'a pas permis de répondre plutôt à Cette dernière. Entretemps vous avez dû recevoir l'ordre du roi de laisser partir le S.r de Voltaire (que l'on considère généralement comme un c.....n) L'inquiétude que vous me manifestiez dans votre dernière lettre ne doit plus exister pour vous maintenant. Vous n'avez rien fait que d'après les ordres du roi, et vous vous en êtes acquitté de telle Sorte que S. M. en est fort Satisfait. Comme représentants de votre Souverain auprès du magistrat et n'ayant agi que d'après les ordres du roi vous ne pouvez encourir, M.r Schmid et vous, aucune responsabilité vis-à-vis de ce magistrat et vous pouvez le lui dire hautement. Quant à Voltaire, qui est un homme Sans honneur, S. M. ne veut plus en entendre parler, et, maintenant qu'il a rendu ce qu'on réclamait de lui, il peut aller où bon lui Semblera. S'il est encore à Francfort laissez le crier tant qu'il voudra, et, quant à ce que vous avez fait dans tout ceci, ne lui en Soufflez pas mot; S'il vous écrit ne lui répondez pas, et agissez le même à l'égard du Magistrat.

Vous pourrez toutefois dire en face à Voltaire qu'il n'a pas à faire parade de son prétendu caractère de gentilhomme de la chambre du roi de France; s'il en faisait autant à Paris, on l'enverrait loger à la Bastille. Pour tout le reste je vous répète de nouveau que vous pouvez être parfaitement tranquille. Vous avez exécuté les ordres du Roi en fidèle serviteur de S. M. et les mensonges et les calomnies de Voltaire n'ont pas plus de succès ici qu'ailleurs »,

« Soyez assuré de mon estime toute particulière,

« Je suis pour toujours

« votre très dévoué serviteur,

« Postdam, 14 Juillet 1753,   Fredersdorff. »

Voltaire cependant ne se tenait pas tranquille, il réclamait au roi l'argent et les objets qu'il prétendait que l'on avait refusé de lui restituer. C'est ce que nous voyons par un ordre de Cabinet que le roi fit écrire par l'abbé de Prades à Freytag :

« J'ai (¹) encore reçu une lettre de Voltaire dans laquelle il me demande que je lui fasse rendre les effets qu'on lui retint lorsqu'on l'arrêta. Je vous ai déjà donné mes ordres là dessus. Ne manquez pas, dès ma lettre reçue, de le satisfaire là dessus, et quant aux frais qu'il ne veut point être pas payer, il n'est pas nécessaire pour cela de lui retenir le tout, ne gardez que ce qu'il faudra pour les payer et rendez lui le reste.

« Sur ce je prie etc.

« à Postdam ce 31 Juillet 1753   Federic. »

Voltaire venait de se rendre à Schwetzingen où le prince électeur palatin Charles Théodore l'avait vivement engagé à venir. Là aussi, au milieu d'une cour brillante, et des distractions les plus agréables, il continua à se plaindre vivement, cherchant à présenter sous le jour le plus défavorable les fonctionnaires prussiens avec lesquels il avait eu à faire à

(¹) Cette lettre est en français. O. B.

Francfort. Rien n'indique à qui est adressée la lettre suivante; elle est entièrement de la main de Voltaire; nous l'avons trouvée parmi les pièces consultées par nous:

« à Schwetzingen près de Mannheim,
5 Août 1753.

Monsieur!

Monsieur le chevalier de La Touche me mande que vous l'avez assuré que la malheureuse affaire de Francfort était finie. Je ne doute pas qu'en effet Votre Excellence n'ait fait cequi dépendoit d'elle pour faire rendre justice. Sa Majesté le roi votre maître ayant désavoué l'abus que les sieurs Freytag et Smith ont fait de son nom, nous ne pouvons douter qu'ils ne rendent au moins l'argent qu'ils ont pris dans les poches du sieur Collini et dans les miennes. L'Europe serait trop étonnée si après de tels excès il n'y avait aucune réparation. Un nommé Dorn qui n'a d'autre fonction que de servir quelquefois aux expéditions du Sr Freytag a traîné dans les rues de Francfort au milieu de la populace une femme respectable qui voyageait avec les passeports du roi de France; on lui a ôté sa femme de chambre, les domestiques. Le nommé Dorn a eu l'insolence de passer la nuit seul dans sa chambre. Votre Excellence peut sentir à quel point ces atrocités ont excité l'indignation universelle. Pourra-t-on s'imaginer que ce soit au nom d'un monarque aussi bienfaisant et aussi juste que le roi votre maître, qu'on ait violé ainsi les loix, les bienséances et l'humanité? et qu'après tant d'indignités Freytag ose exiger encore de cette dame le payement exorbitant d'un emprisonnement qui crie vengeance, et pour lequel il doit demander pardon. »

« Votre Excellence ignore-t-elle quel est Freytag? ignore-t-elle les extorsions publiques qui l'on rendu l'horreur de

Francfort; et de tous les environs? ignore-t-elle qu'ayant
fait payer au comte de Vasco l'espérance d'un régiment au
service du roi qu'il avait osé lui promettre, le comte de Vasco
ne peut retirer de lui une partie de l'argent que Freytag avait
extorqué, qu'en le battant publiquement? vingt aventures
pareilles s'ont fait trop connaître. On sait assez que ces excès si
odieux commis contre une dame, contre le sieur Collini et contre
moi, n'avaient pour but que de nous voler. Nous l'avons été
en effet d'une manière bien violente. Puisque tous nos effets
ont été dissipés comme dans un pillage. Les sieurs Dorn,
Freytag et Schmidt~~Smitth~~ nous ont pris l'argent que nous
avions dans nos poches, et ce qu'on a pris au sieur Collini
est tout son bien. Et c'est au nom d'un roi juste qu'on a
commis tous ces attentats! Certainement il les aurait punis
si nos lettres n'avaient été interceptées. Nous espérons au moins,
Monsieur, que le roi ordonnera qu'on nous rende l'argent
qu'on nous a pris, et dont le compte est entre les mains des
magistrats de Francfort, nous l'espérons de l'équité du roi et
de vos bons offices. Nous oublierons un traitement si cruel
et nous ne nous souviendrons que de la réparation. »

« Je suis avec des sentiments respectueux, Monsieur, de
Votre Excellence le très humble et très obéissant serviteur,
Voltaire

gentilhomme de la Chambre du roi de France. »

Freytag s'adressa encore une fois à Fredersdorff pour lui
donner des explications et se justifier au sujet des effets de
Voltaire. Il lui écrit le 7 Août:

« À la date du 31 du mois dernier S. M. m'a envoyé
de rechef un ordre de remettre à Voltaire les effets qui lui ap-
partiennent et dont je joins ici l'original.

« Bienque S. M. par un ordre qu'elle a daigné écrire de sa
main m'ait expressément enjoint de ne plus l'entretenir de l'affaire

si affligeante de Voltaire, je prends encore la liberté de prier
V. E. de vouloir bien représenter très humblement à S. M.
que je n'ai jamais eu entre les mains la moindre des choses
appartenant à Voltaire, à l'exception du ballot qui m'a été
adressé et qui lui a été remis le lendemain sans avoir été ouvert.

89. L'argent qui lui a été pris par l'adjudant est déposé chez M.
le conseiller Schmid et il lui a été offert de le lui faire compter
par mon secrétaire, mais au lieu d'accepter, il a mis la main
sur un pistolet qu'il a dirigé contre lui, ainsi que j'ai déjà eu
l'honneur de vous le dire. Celui-ci s'étant retiré aussitôt et ayant
informé le magistrat de ce qui venait de se passer, Voltaire s'est
échappé et depuis ce jour je n'ai plus entendu parler de lui.
L'argent qui reste ici lui appartenant, et disponible, ne se monte
qu'à 520 Thalers, déduction faite des frais qui ne se montent
pas à 190 Florins, aussi chacun se plaint-il d'avoir reçu
trop peu en cette circonstance. M. le conseiller Schmid et
moi, nous avons eu à part, des frais que nous avons payé
de notre poche, qui se montent bien à 20 Florins et que
nous n'avons pas comptés. En attendant j'ai reçu de Paris
des lettres anonymes qui m'ont vivement blessé et dans
lesquelles V. E. pourra reconnaître le style infâme du S. de
Voltaire.»

«C'est pourquoi je viens encore prier V. E. de vouloir bien, au sujet
de tout cela, en référer encore à S. M. et ne plus ajouter foi aux
lettres de cet homme infâme; on lui remettra sans difficulté
tout son argent, quand il le demandera, déduction faite des
frais. Je me recommande à votre haute bienveillance et serai
suis toujours de V. E. etc.»

Les lettres anonymes dont parle Freytag et qu'il avait jointes
à sa lettre étaient envoyés de Paris dans l'intention d'intimider
le résident de Prusse, elles étaient écrites par des amis de Voltaire,
à son instigation sans aucun doute, et peut-être venaient elles de

lui-même. Elles devraient manquer leur but; d'ailleurs elles arrivaient trop tard. Voici la première qui est du 12 Juillet:

90.
  « Il s'est répandu ici, Monsieur, des bruits si étranges au sujet de l'arrêt de Mme Denis et de la manière dont elle a été traité, le tout fondé sur la copie qui court d'une lettre de cette dame, que vous ne pouvez désabuser trop tôt le public pour l'honneur du roi votre maître et pour le vôtre. Vous avez sans doute des correspondants à Paris et vous connaissez le ministre de Sa Majesté Prussienne. Vous avez aussi M. Darget secrétaire de Cabinet de Sa Majesté qui demeure rue Française, près la comédie italienne. Ils ne sont pas mieux instruits que le reste de Paris, et le bruit général est que le droit des gens a été ouvertement violé à l'égard de Mme Denis: quant à son oncle les bruits sont partagés. C'est l'intérêt que je prends à la gloire de Sa Majesté Prussienne qui m'engage à vous inviter de faire cesser des bruits injurieux pour ce monarque. »

  Paris, 12 Juillet 1753. »

 La seconde qui est de la même main, mais sans date, ne fait que répéter les mêmes choses!

  « Vous verrez, Monsieur, par la lettre et l'écrit ci-joint ce qu'on peut dire de vous à Paris. Il importe à votre honneur, et à celui du monarque que vous représentez comme son ministre de faire cesser des bruits injurieux. Vous avez sans doute des correspondents à Paris et Sa Majesté Prussienne y a des ministres et des agents que vous pouvez informer de la manière dont les choses se sont passées. Et les gazettes sont encore une voie plus prompte."

  Enfin Federsdorff, par une lettre du 18 Août, communique le dernier ordre du Roi au sujet de l'argent de Voltaire, il y joint son assurance personnelle que l'on peut regarder toute cette affaire comme terminée et que Freytag n'a pas à craindre d'être en défaveur; voici sa lettre:

« D'après votre lettre du 7 de ce mois et les deux lettres que vous y avez jointes, j'ai été parfaitement à même de comprendre combien de contrariétés ont dû vous occasionner et peuvent encor vous causer les affaires de Voltaire. Mais je puis vous assurer qu'il n'y a plus de motifs pour vous de vous tourmenter attendu que par suite des observations que j'ai faites à S. M. on ne fera dorénavant aucune attention à ce que Voltaire pourra dire. »

« Quant à son argent, vous êtes autorisé à le lui faire remettre, mais en prenant toutes les précautions pourque rien absolument ne lui soit délivré avant qu'il en ait donné reçu.

« Les deux lettres vous seront envoyées sous peu et vous devez y faire d'autant moins d'attention qu'elles ne peuvent vous nuire en aucune façon.

« Croyez moi bien toujours

Monsieur,

votre très humble serviteur

Potsdam, le 18 Avril 1753.   Fredersdorff. »

Pendant le reste de sa vie qui se prolongea encor longtemps et malgré la réconciliation qui eut lieu plus tard, malgré le rétablissement de ses bons rapports avec le roi, Voltaire n'a jamais pû lui pardonner complètement cette affaire de Francfort; et chaque fois que l'occasion s'en présenta il ne se fit faute ni de plaintes, ni de paroles piquantes à ce sujet; quand il n'osait pas en accuser le roi lui-même il cherchait à se venger sur ceux qui avaient agi par ses ordres et il employait tous les moyens pour les livrer à la plaisanterie et au mépris. Il est arrivé une fois à Freytag de dire à Fredersdorff qu'on hésitait peut-être à laisser venir cette affaire dans le public, mais cela alla beaucoup plus loin qu'on n'avait pû croire car ce public fut le public français. Cette affaire est restée presqu'exclusivement entre leurs mains, les

allemands ne la connaissaient guère que sous la forme
qu'il avait plu à Voltaire de lui donner et qui fut d'autant
plus facilement admise chez ses amis et ses échos que du
côté de la Prusse l'on avait gardé le silence.

Dans l'art d'exagérer, de dénaturer les choses et de mettre
en avant les allégations les plus effrontées Voltaire et compagnie
sont pour nous les très dignes devanciers de ceux qui plus tard
rédigèrent les bulletins de batailles, et qui à vrai dire ont
atteint le nec plus ultra.

Pour ce qui regarde Frédéric le grand, les faits tels que
nous venons de les exposer, convaincront visiblement chacun,
que le roi est demeuré complètement étranger à tout ce qui a
été fait de blâmable par suite des ordres qu'il avait donnés,
qu'il ne l'a ni ordonné, ni voulu et qu'il ne pouvait pas le
prévoir. L'embrouillement une fois introduit dans cette affaire
ne fit que se développer de lui-même embrouillant tous les cas
nouveaux qui survenaient. C'est Voltaire lui-même qui par ses
colères, ses tentatives de mystification, sa conduite chan-
geante à laquelle on ne pouvait se fier fut en grande
partie cause de tout ce qu'il a eu à souffrir. Pour le reste il
faut s'en prendre aux circonstances, à l'éloignement de la
scène augmenté accidentellement par le voyage du roi, et
aux moyens de communication lents et précaires qui existaient
alors partout. Que les agents du roi n'aient pas été à la
sa hauteur et qu'ils se soient montrés incapables dans l'accomplissement de ses ordres et de tout ce qui en découlait, c'est
évident; mais ce fut un malheur pour le roi, malheur
auquel sont exposés en tout temps ceux qui commandent
et qui ne leur arrive que trop souvent.

www.ingramcontent.com/pod-product-compliance
Lightning Source LLC
Chambersburg PA
CBHW060626100426
42744CB00008B/1514